A SON ALTESSE ROYALE

MADAME

LA DUCHESSE DE NEMOURS

VOYAGE

DE LL. AA. RR.

MGR LE DUC ET MME LA DUCHESSE DE NEMOURS

A CHATEAUROUX

ET DANS LE DÉPARTEMENT DE L'INDRE.

CHATEAUROUX,
AMOUROUX-BAYVET, IMPRIMEUR DE LA PRÉFECTURE.

—

1845.

VOYAGE

DE LL. AA. RR.

MGR LE DUC ET MME LA DUCHESSE DE NEMOURS

A CHATEAUROUX

ET DANS LE DÉPARTEMENT DE L'INDRE.

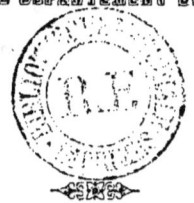

Le voyage de Mgr le duc et Mme la duchesse de Nemours dans le département de l'Indre a laissé de trop profonds souvenirs pour qu'on n'accueille pas avec intérêt un écrit où l'on en retrace les principales circonstances, où l'on rappelle les témoignages de respect et de dévouement que LL. AA. RR. ont reçus de toutes les classes de citoyens, en échange de la sollicitude et de la bienveillance qu'elles ont montrées pour les habitants, pour les intérêts du Berry.

Il y a, dans les manifestations que nous allons rappeler,

quelque chose de grave, d'ineffaçable. Les deux enfants du Roi ont représenté dignement parmi nous cette noble et admirable famille si dévouée, si chère à la France ; l'accueil qui leur a été fait est une nouvelle preuve de l'attachement que l'on porte, dans notre loyal et généreux pays, aux institutions, à la dynastie de 1830 : il ne peut être indifférent de donner à ces marques de mutuelle sympathie la valeur d'une tradition locale, d'un évènement historique. »

Telle est la pensée qui a inspiré la relation qui va suivre et dont toutes les circonstances, tous les incidents sont de la plus exacte fidélité.

Première Journée.

Jeudi, 24 juillet.

Une des plus belles journées de la saison, une journée pendant laquelle l'ardeur du soleil a été presque constamment tempérée par de légers nuages, a favorisé l'empressement des populations à se porter sur le passage de Mgr le duc et Mme la duchesse de Nemours.

Parties de Vierzon dans la matinée du 24 juillet, LL. AA. RR. sont arrivées, vers midi, à la limite du département de l'Indre, près de la petite ville de Reuilly, où elles étaient attendues par M. Ferdinand Leroy, préfet de l'Indre, M. le général de Rigny, commandant le département, et M. de la Chastre, sous-préfet de l'arrondissement d'Issoudun, auxquels étaient venus se joindre M. le colonel de la légion de gendarmerie et M. le capitaine commandant la compagnie de l'Indre. La subdivision de sapeurs-pompiers de Reuilly, parfaitement équipée, et la brigade de gendarmerie en résidence dans cette localité, étaient sous les armes.

Près d'un arc de triomphe en verdure, construit avec beaucoup de goût, le prince est descendu de sa voiture au milieu des acclamations de nombreux habitants de Reuilly et des communes circonvoisines, qui faisaient retentir l'air des cris de *vive le Roi ! vivent le duc et la duchesse de Nemours !* M. le préfet s'est alors avancé vers le prince, qui se trouvait assez rapproché de la voiture dans laquelle était restée

S. A. R. Mme la duchesse de Nemours, et il leur a adressé le discours suivant :

« Monseigneur, Madame,

» Permettez qu'au nom du département de l'Indre, je salue avec joie l'arrivée de Vos Altesses Royales. Leur présence, objet d'une si légitime impatience, consacre à jamais l'ère nouvelle qui vient de s'ouvrir pour ces modestes contrées : c'est un lien solennel entre la dynastie nationale de juillet et le pays qu'elle vient de métamorphoser comme par enchantement, c'est le gage assuré de l'avenir.

» Quinze années d'un règne glorieux et sage, quinze années d'une paix féconde ont rendu la France libre et prospère. Nous assistons avec orgueil au développement merveilleux des arts, des sciences et de l'industrie : leurs brillantes conquêtes s'étendent sur le pays tout entier ; le Berry, terre antique de simplicité, de travail et de patience, y prend tout d'abord une large part. Autant l'oubli avait été long, la disgrâce imméritée, autant la réparation est généreuse et la justice éclatante, Grâces en soient rendues à la haute sagesse, à la puissante équité qui veillent sur nos destinées !...

» Venez, Monseigneur, venez au milieu de nos campagnes, autrefois languissantes, vivifiées aujourd'hui, venez au sein de ces populations, naguères dédaignées et auxquelles tout sourit maintenant. Elles vous connaissent déjà par les bienfaits que vous avez répandus, par les sympathies que vous avez éprouvées. Leurs cris de détresse au milieu de récents malheurs vous ont trouvé sensible, il semble même qu'ils aient hâté vos pas vers nous ; venez jouir, Monseigneur, pour les reporter au Roi, votre auguste père, des témoignages de leur reconnaissance, de leur respect, de leur fidélité. »

Mgr le duc de Nemours a répondu qu'il était heureux de visiter ces contrées, destinées maintenant à un si bel avenir, d'en étudier les besoins, et de pouvoir rattacher un jour le souvenir de son voyage aux améliorations que le département de l'Indre est en droit d'espérer.

M. le préfet a présenté alors au prince les différents fonctionnaires qui l'avaient accompagné, M. le maire et les membres du conseil municipal et du Bureau de bienfaisance de Reuilly, ainsi que MM. les curés et desservants de cette commune et de celles environnantes. — M. le maire de Reuilly s'est avancé près de S. A. R. et s'est exprimé ainsi :

« Monseigneur,

» Organe des sentiments et des vœux des habitants de cette commune, je je viens vous porter l'expression de leurs respectueux hommages, de leur dévouement au roi, au jeune prince qui doit lui succéder, à vous, Monseigneur, en un mot, à tous les membres de la famille royale.

» Monseigneur, la bienveillante sollicitude avec laquelle vous recherchez les malheurs et les besoins des pays que vous parcourez, m'encourage à vous faire connaître le vœu le plus ardent des habitants de Reuilly, celui du rétablissement blissement de leur ancien canton. Puisse l'exposé que je joins ici fixer votre attention sur ce projet vital pour notre commune.

» Je ne vous parlerai pas, dans ce jour d'allégresse, des désastres causés à notre commune par les inondations; aujourd'hui la tristesse ne peut trouver place dans nos âmes, et nous nous reposons avec confiance sur nos premiers magistrats, qui ne perdent jamais de vue les intérêts qui leur sont confiés.

» Monseigneur, nous regrettons profondément que le temps qui vous presse ne permette pas à Votre Altesse Royale de rester plus longtemps au milieu de nous ; soyez convaincu que le souvenir du 24 juillet restera éternellement gravé dans nos cœurs. *Vive le Roi!* »

Le prince a répondu :

« Je vous remercie des affectueux sentimens que vous me témoignez. Je
» porterai au Roi l'expression des vœux que votre dévouement au progrès de
» ce pays vous inspire.

» Les malheurs que vous venez de me rappeler ont excité toute notre
» sympathie ; ce n'est pas en vain que vos magistrats feront appel à la bienveil-
» lance du gouvernement pour réparer, autant qu'il se peut, les pertes que
» vous avez éprouvées. »

Pendant ce temps, Mme la duchesse de Nemours accueillait avec une indulgente bonté les hommages et les vœux qui lui étaient présentés par les élèves d'une école de jeunes filles, dirigée par les sœurs de la charité.

M. le préfet du Cher ayant alors pris congé de LL. AA. RR., qu'il avait accompagnées jusqu'à la limite de ce département, elles se sont dirigées vers Issoudun, recevant, à leur passage devant les bourgs de Diou et de Ste-Lizaigne, les félicitations des maires, des conseillers municipaux et des desservants de ces communes, et saluées par les acclamations des nombreux habitants qui s'étaient groupés autour des autorités locales.

MM. Clément-Grandcour a complimenté LL. AA. RR. en ces termes :

« Monseigneur et Madame,

» Heureux jour celui où il nous et permis de déposer aux pieds de VV. AA. RR. l'hommage de notre fidélité, de notre respect et de notre dévouement. Nos cœurs simples ne savent pas dissimuler et notre vie agreste et calme vous est garant de la sincérité de nos sentiments ; recevez-en donc avec toute confiance la loyale expression.

» Noble fils d'une illustre famille, gloire de la France, vous aurez à poursuivre, dans un temps que nous aimons à croire éloigné, la glorieuse carrière à laquelle votre rang et les vœux du pays vous ont appelé. Votre hauté intelligence l'a comprise ; elle saura dignement la remplir. Nos cœurs, qui sont à vous, notre loyal concours vous en allègeront le fardeau, adouci qu'il sera encore par les grâces de votre jeune, belle et si digne épouse. »

M. le duc de Nemours a répondu :

« J'éprouve une vive satisfaction d'être reçu parmi vous avec tant de cor-
» dialité. Je connais la vieille réputation de franchise et de loyauté des habi-
» tants du Berry ; je n'apprécie pas moins leur vie calme, leurs habitudes la-
» borieuses ; c'est en y persistant qu'elles arriveront à la prospérité dont le
» chemin de fer va leur faciliter la conquête.

» Vous faites bien de compter sur mon dévouement au pays ; il ne lui fera
» défaut en aucune circonstance.

» Je vous remercie, au nom du roi et de la famille royale, des vœux tou-
» chants que vous venez de m'exprimer. »

Une salve de vingt et un coups de canon et les cris de *Vive le Roi ! Vivent le duc et la duchesse de Nemours !* sortis de mille bouches à la fois, ont annoncé, vers une heure, l'arrivée des augustes voyageurs à Issoudun. M. le maire et le conseil municipal, que venaient de rejoindre M. le préfet, M. le général de Rigny, M. le colonel et M. le capitaine de gendarmerie, ainsi que M. le sous-préfet, les attendaient à l'entrée de la ville, entourés d'une population nombreuse et empressée, près d'un arc de triomphe élégamment construit en forme detente, décoré de drapeaux aux couleurs nationales, et de deux bannières représentant, l'une le chiffre de LL. AA. RR. et l'autre les armes de la ville d'Issoudun. La garde nationale, la belle compagnie de sapeurs-pompiers et les deux brigades de gendarmerie se déployaient en avant et en arrière de la tente. LL. AA. RR. ont mis pied à terre, et sont allées prendre place sous cette tente, accompagnées de Mme la comtesse d'Oraison, dame d'honneur de la princesse, de M. le lieutenant-général Boyer, aide-de-camp du prince, de M. le commandant Borel de Brétizel et du capitaine Reille, ses officiers d'ordonnance. M. le préfet leur a alors présenté M. le maire et le conseil municipal, et M. le maire leur a adressé le discours suivant :

« Monseigneur,

» Je viens, au nom du corps municipal et des habitants d'Issoudun, vous exprimer la vive satisfaction que fait naître dans nos cœurs l'arrivée en cette ville de V. A. R. et de son auguste épouse. Après avoir salué d'unanimes acclamations la glorieuse révolution de juillet et la dynastie nationale qu'elle a fondée, nos vœux les plus chers étaient de voir parmi nous un des princes de cette royale famille, qui a tant de droits aux respects et aux sympathies de la France. Nous sommes heureux aujourd'hui de pouvoir offrir à V. A. R. l'expression de ces sentiments, nous sommes heureux que la gracieuse présence d'une auguste princesse vienne ajouter encore au charme de cette solennité.

» Cette ville où vous allez entrer, Monseigneur, se recommande à divers titres à votre bienveillant intérêt. Je n'ose parler ici de son illustration historique; toutefois, la vieille tour qui la domine témoigne encore des grandes luttes dont elle a été le théâtre, luttes célèbres où apparaissent les glorieuses figures de Philippe-Auguste et de Richard Cœur-de-Lion, et qui eurent pour résultat la réunion de cette partie du Berry à la couronne de France. Ce sont là, Monseigneur, les temps héroïques de notre histoire locale, V. A. R. me pardonnera de les avoir rappelés.

» Depuis cette époque, la ville d'Issoudun a perdu de son importance politique ; mais son heureuse situation au milieu d'un pays fertile, l'esprit d'ordre et de modération qui anime ses habitants, lui ont fait des destinées plus calmes et plus prospères, sinon aussi brillantes. C'est aujourd'hui, grâce au développement de son industrie agricole, l'un des marchés les plus considérables des départements du centre. Il ne lui manquait, mais depuis longtemps cette pensée était un rêve, il ne lui manquait qu'un débouché plus large et plus actif pour ses nombreux produits : et voilà que ce rêve va se réaliser par la création d'une de ces voies nouvelles de communication qui portent la vie dans tous les pays qu'elles traversent, et qui sont pleines de promesses pour l'avenir.

» Les habitants d'Issoudun n'oublieront jamais, Monseigneur, que c'est sous le règne de votre auguste père, règne si fécond en grandes choses d'utilité publique, qu'a été conçu ce vaste système de chemins de fer qui va sillonner la France. Ils n'oublieront jamais que c'est à la haute influence du roi, à la sagesse de son gouvernement, qu'ils doivent le chemin de fer du centre, dont les fondations se jettent en ce moment aux abords de la ville et qui doit ouvrir pour leur cité une ère nouvelle de prospérité. Qu'il nous soit permis, Monseigneur et Madame, d'exprimer ici leur profonde reconnaissance pour un aussi grand bienfait, et de mêler le nom du Roi aux acclamations que nous inspire la bienvenue en cette ville de VV. AA RR.

« *Vive le Roi ? Vivent le duc et la duchesse de Nemours !* »

S. A. R. a répondu :

» Je m'associe à vos vœux pour l'avenir de la ville d'Issoudun, vœux dont
» vous êtes le digne interprète et que vous contribuerez, par votre zèle pour le
» bien public, à réaliser.

» Le chemin de fer du centre, dont nous venons de voir les travaux, est ap-
» pelé à donner à ces contrées une vie nouvelle ; j'espère avec vous qu'il leur
» rendra, sinon leur importance historique, au moins un prospérité en rapport
» avec les éléments précieux qu'elles offrent à l'agriculture et à l'industrie.

» Les sympathies dont vos concitoyens et votre population sont animés pour
» les institutions et la royauté de 1830 me sont connues, j'en reçois l'ex-
» pression avec reconnaissance ; cette satisfaction sera partagée par le Roi
» lorsque nous lui apprendrons l'aimable accueil que nous a fait la ville d'Is-
» soudun. »

Cette allocution a été couverte d'acclamations.

S. A. R. a passé immédiatement en revue la garde nationale et est remontée en voiture ; les augustes voyageurs ont traversé lentement la ville d'Issoudun, pour se rendre à l'Hôtel-de-ville, où les autorités les avaient déjà précédés.

La population entière de la ville et une grande partie de celle des communes environnantes se pressaient sur le passage du cortège, ou occupaient les fenêtres des maisons bordant les rues traversées, et faisaient retentir l'air de leurs acclamations.

Arrivées au perron de l'Hôtel-de-ville, LL. AA. RR. y ont été reçues par M. le préfet, M. le sous-préfet et M. le maire, et elles ont gagné le salon de réception, en traversant un premier salon, dans lequel étaient réunies les dames qui devaient être présentées à la princesse et seize jeunes personnes chargées de lui offrir une corbeille de fleurs. Mme la duchesse de Nemours était appuyée sur le bras de M. le comte de Lapparent, maire d'Issoudun.

Les réceptions ont immédiatement commencé. Les jeunes personnes ont été introduites, et Mlle Isabelle Bernard-Lamartellerie, portant la parole en leur nom, a adressé à Mme la duchesse de Nemours un compliment auquel S. A. R. a répondu de la manière la plus gracieuse.

Les dames, au nombre desquelles se trouvaient Mmes de la Chastre, de Lapparent, Bernard-Lamartellerie et des Méloizes, ont été successivement présentées à Mme la duchesse de Nemours et ont reçu de LL. AA. RR. l'accueil le plus bienveillant.

M. le préfet a ensuite présenté successivement à M. le duc de Nemours :

M. Heurtault du Mez, député de l'arrondissement d'Issoudun;

Les membres du conseil d'arrondissement en session ;

Le tribunal de première instance ;

Le tribunal de commerce ;

Les juges de paix des deux cantons d'Issoudun et leurs suppléants,

Le clergé de la ville et des communes environnantes ;

L'état-major de la garde nationale, sous les auspices de M. le maire;

L'inspecteur et les agents des forêts ;

L'ingénieur du chemin de fer ;

Les fonctionnaires appartenant aux diverses administrations des finances ;

Les commissions administratives des hospices et du bureau de bienfaisance d'Issoudun;

Le principal et les régents du collège communal ;

Les maires des communes comprises dans les deux cantons d'Issoudun et l'agent-voyer de 1re classe ;

Le comice agricole ;

Les membres du conseil général appartenant à l'arrondissement d'Issoudun;

M. le vicomte Duquesne, capitaine de vaisseau ;

MM. les officiers en retraite et en disponibilité.

M. le président du tribunal de première instance a adressé au prince le discours suivant :

« Monseigneur et Madame,

Permettez que le tribunal civil d'Issoudun, rivalisant de zèle et d'empressement, vienne vous offrir l'hommage de son profond respect et de son fidèle dévouement.

» Vous voyagez, Monseigneur et Madame, dans un mois qui rappelle à la France de glorieux souvenirs et de grandes douleurs que les magistrats savent justement apprécier; aussi, après avoir rempli un pieux devoir, le 13 de ce mois, nous venons mêler notre joie à la joie publique, et vous exprimer combien nous sommes heureux de contempler aujourd'hui les nobles traits du prince éclairé que les destinées peuvent appeler à gouverner l'état, et la beauté angélique de la princesse, son auguste épouse, modèle parfait de grâces et d'amabilité.

» Prince, si la France a rendu justice à vos éminentes qualités, en vous décernant la régence, qu'il lui soit permis, néanmoins, d'espérer que la providence lui conservera longtemps encore le roi de son choix, dont le puissant génie a su, depuis bientôt quinze ans, surmonter tant d'obstacles, et répandre le plus brillant éclat sur le trône constitutionnel de Juillet.

» Votre voyage est un grand bienfait, Monseigneur et Madame, pour les populations que vous traversez, et particulièrement pour notre vieux Berry, dont les contrées ont été si longtemps délaissées.

» La ville d'Issoudun, que vous honorez de votre présence, a été célèbre dans les temps anciens par les sièges qu'elle a soutenus contre les anglais, par ses gloires dans les guerres civiles. Sa splendeur a éprouvé bien des atteintes par des revers et des fléaux que l'histoire a constatés; mais qu'il me soit permis de comparer son ancienne importance avec celle actuelle, sous le rapport de la justice.

» L'ancien bailliage d'Issoudun, alors seconde ville du Berry, était le plus étendu de la province. Il comprenait dans son ressort la majeure partie du territoire qui compose aujourd'hui le département de l'Indre, plus une partie notable des départements du Cher, de Loir-et-Cher et de la Creuse, tandis que, d'après la division de la France en départements et en arrondissements, Issoudun est devenu seulement chef-lieu du plus petit des quatre arrondissements du département de l'Indre.

« C'est aussi depuis cette époque que cette ville a perdu toute son importance, et que la richesse du pays a pris d'autres directions.

» Loin de moi la pensée d'exprimer des regrets sur un passé qui avait consacré tant d'abus; mais je ne puis m'empêcher de faire remarquer à VV. AA. RR. que peut-être Issoudun n'a pas été traité, dans la division du territoire, avec une parfaite équité; de même que je crois aussi devoir leur signaler, avec mon expérience de trente années dans ce siège, les résultats obtenus, pendant cette période, dans l'administration de la justice.

» Depuis trente ans, Monseigneur, le nombre des procès civils a diminué à Issoudun de plus de moitié; les affaires correctionnelles et les instructions criminelles ont diminué des deux tiers.

» Je ne pourrais indiquer la cause réelle de cette heureuse et très-sensible amélioration dans les mœurs de notre pays; aussi je me bornerai à vous faire remarquer que la procédure est simple dans ce ressort, et que la justice y est prompte, par cela même que les affaires n'y sont pas en grand nombre.

» Mais cette importante diminution opérée dans les travaux de la justice d'Issoudun, constatée par les statistiques judiciaires qui attestent aussi que le nombre des procès augmente dans certains sièges et diminue dans d'autres, fixera sans doute l'attention de V. A. R.

» Peut-être verrez-vous dans ces faits la nécessité d'apporter, dans les circonscriptions des ressorts, des modifications commandées par l'intérêt d'une bonne administration, qui doit avoir pour but de rendre également promptes, dans tout le royaume, les décisions de la justice.

» Le tribunal d'Issoudun pourrait juger, comme par le passé, même nombre de procès, et par là venir au secours de certains sièges qui ne peuvent vider leur arriéré.

» Ne pourrait-on pas, dans chaque ressort de cour royale, faire de nouvelles circonscriptions?

» Veuillez donc, Monseigneur, accueillir les vœux de ce tribunal, vœux qui tendent à voir distribuer d'une manière plus égale les travaux de la justice entre tous les siéges, et particulièrement à voir restituer à celui d'Issoudun une faible partie de son ancienne importance.

» En attendant cet acte de haute justice, je ne dois point oublier que la ville, traversée par le chemin de fer du centre, voit ouvrir, pour sa population pauvre, mais laborieuse, une ère nouvelle dans laquelle elle trouvera des éléments de prospérité, et que grâces doivent être rendues au monarque qui sait si bien donner à la nation l'impulsion progressive que ses besoins réclament.

» *Vive le roi! Vivent Mgr le duc et Mme la duchesse de Nemours! Vive la famille royale!* »

S. A. R. a répondu :

« Il ne dépendra pas de moi que les réclamations du tribunal d'Issoudun

» soient accueillies ; en me les exprimant, vous témoignez du zèle qui vous
» anime pour la bonne administration de la justice.

» Je me félicite avec vous du nombre décroissant des procès civils et cri-
» minels dans le ressort de votre tribunal ; c'est un symptôme heureux de l'es-
» prit de droiture et de probité dont sont animés vos justiciables.

» Je suis bien touché des témoignages de sympathie que vous m'adressez,
» je serai heureux de les transmettre au roi et à la famille royale. »

M. le président du tribunal de commerce s'est exprimé ainsi en présentant ce tribunal à LL. AA. RR. :

« Monseigneur,

» Le tribunal de commerce d'Issoudun vient vous offrir ses hommages respectueux. Les circonstances solennelles où les membres de la famille royale se trouvent en rapport avec les citoyens sont trop rares pour qu'à plus d'un titre nous ne nous félicitions hautement d'un voyage qui en fait naître l'occasion.

» Représentants des intérêts commerciaux, nous n'avons pas ici, Monseigneur, à appeler votre attention sur les grandes questions de commerce international: le pays, la ville même est essentiellement agricole, et les transactions commerciales se rattachent aux produits du sol. Les nouveaux moyens de viabilité vont sans doute donner un plus grand essor à la production, et ces heureux résultats, nous les devrons aux bienfaits du gouvernement du Roi.

» Que pourrais-je ajouter, Monseigneur, au tribut d'hommages que tous les corps constitués vous adressent à l'envi! Depuis la glorieuse époque saluée avec tant d'enthousiasme, il y a quinze ans, nous avons vu d'immenses progrès matériels ; le pays a été sillonné de routes, de nombreuses voies de fer, terminées ou en construction, vont doubler la valeur des terres, changer peut-être le sort de quelques cités. A la suite de ces merveilleux moyens d'adoucir la vie pour ceux qui possèdent, le gouvernement du roi, dans sa sollicitude pour toutes les classes, veillera au libre développement d'intérêts d'un autre ordre, afin que le travail, source, ainsi que la propriété, de la prospérité publique, ait sa place, selon l'esprit chrétien, au banquet de la vie, ôtant ainsi tout prétexte aux factions et ralliant au trône l'amour d'un peuple dont l'affection est facile à gagner.

» C'est le cœur plein de ces grandes idées que nous vous supplions, Monseigneur, d'agréer les vœux sincères d'hommes dévoués à ce qui leur paraît juste et bon, sûrs par celà même d'être favorablement accueillis par un prince aussi éclairé que V. A. R., digne représentant du premier et du plus éminent monarque de l'Europe. Puisse votre auguste père participer, par la pensée, à l'accueil que nous vous faisons, et daigne la providence répandre sur votre royale famille ses plus précieux bienfaits. »

Mgr le duc de Nemours a répondu :

« Vos paroles sont celles d'un bon citoyen, elles vous honorent et elles ho-
» norent le corps que vous présidez.

» Vous avez raison de dire que le roi aime les classes laborieuses ; leur bien-
» être est la constante pensée de son cœur et l'une des plus actives préoccu-
» pations de son esprit. Les améliorations que vous venez d'énumérer, et qui
» s'adressent surtout au commerce et à l'industrie, porteront leurs fruits en pro-
» grès public, en aisance générale : là sera la plus douce récompense de nos ef-
» forts et de notre dévouement à la patrie.

» Je vous remercie des vœux que vous exprimez, au nom du tribunal du com-
» merce d'Issoudun, pour le roi et la famille royale. »

M. le curé d'Issoudun a dit :

« Monseigneur, Madame,

» Admis à l'honneur de vous être présenté, le clergé d'Issoudun offre ses hommages respectueux à VV. AA. RR. et vous prie de vouloir bien les agréer; il vient à vous, guidé par les sentiments qui animent cette foule empressée sur votre passage et qui, avide du bonheur de vous voir, regarde comme un beau jour celui où il lui est donné de posséder dans ses murs les augustes enfants du roi.

» Nous vous savons gré, Monseigneur et Madame, de ralentir votre marche et de nous consacrer quelques instants pendant lesquels vous voulez bien recueillir nos vœux, ceux de cette population confiée à nos soins de pasteur, et si digne de votre attention et de votre bienveillance.

» Ces vœux, Monseigneur et Madame, nous les puisons dans notre foi, qui apprend si efficacement aux peuples tout ce qu'ils doivent à la dignité des princes et à la majesté des rois. Nous en puisons aussi le motif puissant dans les services immenses que votre illustre famille a rendus à la France, et dans ceux que vos vertus personnelles nous permettent d'espérer pour l'avenir. Soyez heureux de la prospérité du pays qui, instruit par la religion, vous rendre en retour respect, soumission et reconnaissance. »

Le prince a répondu :

« Je rapporterai au roi les sentiments qui animent le clergé d'Issoudun ; il
» en sera touché, comme je le suis, ainsi que Mme la duchesse.

» La religion fleurit, sous ce règne, au milieu de la paix, de la concorde gé-

» nérale. Parmi les populations au sein desquelles vous vivez et que vous êtes
» chargé d'éclairer, de consoler, la religion gagne chaque jour en respect, en
» influence. Je m'associe à la satisfaction que vous fait éprouver ce progrès, si
» intéressant pour la société et pour les familles. »

M. Thabaud-Linetière, portant la parole au nom du comice agricole, a prononcé l'allocution suivante :

Monseigneur, Madame,

» Au milieu de l'empressement des citoyens à se porter sur votre passage, le comice agricole de l'arrondissement d'Issoudun ne pouvait manquer d'offrir à Vos Altesses Royales l'hommage de son respect ; cela n'était pas seulement pour chacun de nous un devoir individuel, nous y avons vu l'accomplissement d'un devoir public, les membres du comice nous semblant être les représentants directs de la population dans un pays qui n'a d'autres industrie que la culture du sol.

» Malheureusement, Monseigneur, cette noble industrie, la première en date et en importance sur la terre, est exposée à tant d'éventualités par sa dépendance de tous les phénomènes naturels, que les agriculteurs ont presqu'aussi souvent besoin de résignation que de courage. C'est au moins une consolation pour eux, au moment où de désolantes inondations viennent de soumettre le département à l'une de ces rudes épreuves, d'avoir à exprimer à Votre Altesse Royale leur respectueuse gratitude pour la part d'intérêt qu'elle y a prise.

» A de tels désastres, l'agriculture ne saurait opposer par elle-même que ses persévérants efforts vers le progrès, mais elle a besoin d'être encouragée. Permettez-nous à ce sujet, Monseigneur, d'émettre librement un vœu dont la réalisation serait aussi équitable que nécessaire et sur lequel nous avons l'honneur d'appeler la bienveillance éclairée de Votre Altesse Royale. Nous demandons que la répartition annuelle du fonds d'encouragement entre les comices repose dorénavant sur le principe suivi à l'égard du fonds commun, qui se distribue aux départements, non sur leur importance, mais dans l'ordre inverse de leurs richesses.

» Entre les deux positions, entre l'agriculture et l'administration départementale, l'analogie nous paraît complète ; dans un cas comme dans l'autre, il s'agit de favoriser l'équilibre entre les différentes parties du territoire et de présenter la main aux faibles afin que personne ne reste en arrière. A ce titre, les départements du centre, où l'agriculture a tant de progrès à faire pour atteindre le niveau commun, ont évidemment droit à une part plus large qu'elle ne leur a été faite jusqu'ici dans l'encouragement général, et la visite dont nouhonorent Votre Altesse Royale devient pour nous le gage d'un meilleur avenir.

» Monseigneur, celui qui doit à la désignation du Comice le privilège de porter la parole devant Vos Altesses Royales eut l'honneur, il y aura quinze ans dans quelques jours, de participer comme député au vote de révision de la Charte constitutionnelle et à la déclaration du 7 août 1830. L'histoire jugera, quand l'heure de l'impartialité sera venue, ce grand acte de souveraineté nationale, conséquence nécessaire des évènements ; elle dira surtout combien fut difficile et glorieuse la tâche du prince dont le courage accepta le trône en ce moment critique, et dont la haute sagesse sut faire régner, à travers les passions, l'ordre et la liberté, en dotant la France d'une prospérité sans exemple dans ses annales, prospérité qui, Dieu aidant, sera toujours conservée.

» Votre Altesse Royale était bien jeune à l'origine de ces évènements, et ceux qui la virent aux premiers pas de la carrière qu'ouvrait la main du roi à l'ardeur de sa brillante famille, alors si complète, se confient encore dans l'avenir en vous retrouvant, Monseigneur, éprouvé par les dangers de la guerre et par les travaux de la paix, digne aux yeux de tous de marcher comme régent à la tête des destinées de notre pays. »

Le prince a répondu :

» J'ai entendu avec une bien vive émotion les grands souvenirs que vous ma-
» vez rappelés et la digne appréciation que vous avez faite des travaux du roi.
» Je vous remercie de votre confiance dans la part que je pourrais prendre aux
» destinées de la France, à laquelle je suis, à l'exemple du roi, profondément
» dévoué.

» Je porte un spécial attachement à l'agriculture ; c'est la première des
» industries, c'est la plus solide, celle sur qui reposent les plus grands intérêts
» du pays. Aussi ai-je pris une part sincère à vos pertes récentes. Je me réjouis
» de ce qu'un nouvel élément de prospérité va porter vos pensées vers un
» meilleur avenir.

» Quant à une distribution différente des secours destinés à l'agriculture,
» vous l'avez sagement motivée, je m'empresserai de produire et de recom-
» mander, auprès du gouvernement du roi, les considérations que vous venez
» de m'exposer à cet égard. »

Les réceptions terminées, les augustes voyageurs sont remontés en voiture, laissant, entre les mains de M. le maire, comme marque de leur bienveillant intérêt pour la population d'Issoudun, une somme de 300 francs, pour être distribuée aux indigents de cette ville par les soins du Bureau de charité.

Les mêmes acclamations qui avaient accueilli LL. AA. RR. à leur arrivée dans cette ville, les ont accompagnées à leur départ.

Un grand nombre de maisons étaient pavoisées de drapeaux tricolores.

Le passage de Mgr le duc et de Mme la duchesse de Nemours, quoique beaucoup plus rapide que les habitants d'Issoudun ne l'eussent désiré, a laissé dans leur esprit des souvenirs aussi affectueux que durables.

———

A Neuvy-Pailloux, le maire de la commune et ceux des localités voisines, ainsi que les curés des environs, se sont trouvés sur le passage de LL. AA. RR. Le prince ayant donné l'ordre d'arrêter, s'est entretenu avec bienveillance avec les personnes qui l'entouraient. A leur départ, comme à leur arrivée, les augustes voyageurs ont été salués par de vives acclamations.

Arrivée à Châteauroux.

Quatre heures venaient de sonner lorsqu'une salve d'artillrie a annoncé l'arrivée à Châteauroux de LL. AA. RR. Littéralement, toute la population de la ville, doublée peut-être par l'immense affluence des étrangers, était dans les rues, sur les places, aux fenêtres, partout où l'on pouvait espérer de voir le prince et la princesse. Dès le matin, un grand nombre de maisons, notamment sur les points que devait suivre le cortège, étaient ornées de drapeaux tricolores ; cette double rangée de bannières formait un coup d'œil charmant et pittoresque.

Pour recevoir les augustes voyageurs, on avait élevé, au pont de Déols, la belle et vaste tente de la Société d'agriculture de l'Indre. Là se trouvaient le maire et ses adjoints, le conseil municipal, la compagnie de sapeurs-pompiers, la garde nationale avec son corps de musique en uniforme, des membres de l'administration, etc., etc. Là étaient venus aussi, représentants modestes et laborieux de la cité industrielle, les ouvriers de nos manufactures, tambours en tête, chaque groupe suivant son guidon particulier. Le prince a été heureux, touché de cette démonstration des fabriques de Châteauroux ; ils ne pouvaient mieux prouver les sentiments qui les animent qu'en allant recevoir, aux portes de leur ville, le fils du roi à qui ils doivent, pères de famille, la paix intérieure, citoyens, une protection libérale, artisans, un travail constant et fructueux.

Arrivés près la tente municipale, le prince a mis pied à terre.

M. Eugène Grillon, maire de Châteauroux, lui a adressé, ainsi qu'à la princesse, les paroles que voici :

« Vos Altesses Royales sont les bienvenues dans notre cité ; la population entière sera heureuse de saluer ses princes. Les victimes de nos inondations, dont elles ont si généreusement soulagé la misère, sont impatientes de leur témoigner leur reconnaissance par leurs acclamations empressées.

» Nous vous savons gré, Monseigneur, de vous être détourné des routes habituelles pour visiter notre pays méconnu, ignoré pour ainsi dire au milieu de la France. Cette sollicitude de votre part nous est précieuse et nous attache encore davantage, s'il est possible, au règne glorieux et réparateur du roi votre père.

» Vous lui ferez connaître nos vœux, nos espérances, notre profond dévouement à toute sa famille ; vous lui direz qu'au milieu de nous comme dans les autres parties du royaume que vous avez parcourues, vous avez trouvé empreint dans tous les cœurs le vieux cri de *vive le Roi ! vive la France !* »

Le prince a répondu :

« Monsieur le Maire,

» C'est un spectacle bien touchant pour nous que la joie causée par notre
» présence dans une cité naguère si éprouvée. Nous avons été bien émus, vous
» le savez, des maux que vous avez soufferts. J'aurais souhaité y porter un re-
» mède plus efficace, et je jouirais moins de tout ce que vous avez voulu
» faire pour solenniser notre visite, si je n'avais l'assurance que ces solennités
» mêmes tourneront à l'avantage des malheureux.

» Dans ces circonstances, j'aime à porter mes regards vers les éléments de
» prospérité qui vous arrivent ; j'aime à penser que les instants trop courts de
» notre passage ne seront pas, dans l'avenir, sans quelques résultats heureux
» pour vos intérêts.

» Recevez mes remercîments pour vos manifestations si sympathiques et si
» empressées. »

Le prince est monté alors sur un cheval qui lui avait été offert par M. Caby, capitaine de gendarmerie, et il s'est mis à la tête du cortège entrant dans la ville. A côté et autour de lui étaient M. le lieutenant-général Boyer, M. le général vicomte de Rigny, M. le commandant de gendarmerie, et plusieurs officiers d'état-major. La calèche de Mme la duchesse de Nemours venait immédiatement après ; M. le maire de Châteauroux y avait pris place à côté de M. le préfet de l'Indre et en face de Mme la comtesse d'Oraison, dame d'honneur de la princesse. A la suite se trouvaient, dans leurs voitures, MM. Larnac et Borel de Brétizel, M. Bayvet, commandant de la garde nationale, etc., etc. Des cavaliers du train des équipages fermaient le cortège.

Devançant de quelques pas le groupe d'officiers généraux, le prince répondait de la manière la plus gracieuse aux hommes qui le saluaient, aux femmes qui agitaient leurs mouchoirs aux fenêtres ; il montrait là déjà cette courtoisie que tous ont admirée pendant son séjour ici, comme tous ont admiré la simplicité charmante et la politesse affectueuse de Mme la duchesse de Nemours.

Sur le péristyle de l'hôtel de la préfectur LL. AA. RR. ont été reçues par MM. Bertrand, Deschapelles et Moreau, conseillers de préfecture ; puis, dans la première pièce, les douze jeunes filles chargées de présenter une corbeille de fleurs à la princesse. Voici leurs noms :

Mlles Godard ;
Drechesne ;
Reigner ;
Despagnols ;
Bonnichon ;
Colson ;
Lavigerie ;
Mars ;
Veillat ;
Claveau ;
De Rigny.

C'est Mlle Alix Mars qui a porté la parole au nom de ses compagnes ; elle s'est exprimée ainsi :

« Madame la duchesse,

» Au milieu des hommages dont vous êtes entourée chaque jour, permettez à de jeunes filles, qui ne savent que prier pour ceux qu'elles aiment, de vous offrir ces fleurs, simple tribut de leur respectueux attachement, et daignez.

agréer l'expression des vœux qu'elles adressent au ciel pour le bonheur de Votre Altesse Royale. »

La princesse a répondu :

« Je suis touchée des vœux que vous m'adressez et je reçois avec plaisir
» les fleurs qui les accompagnent; mais cette corbeille était inutile, puisque
» toutes réunies vous formez un si charmant bouquet. »

Ces paroles, dites avec une grâce enjouée, presque familière, ont causé la plus heureuse sensation parmi tous les assistants.

LL. AA. RR. ont successivement reçu :

M. le duc de Valençay, pair de France ;

MM. Muret de Bort, Heurtault du Mez, Lescot-Delamillandrie, Delavau, députés de l'Indre ;

M. Mater, député du Cher, premier président, et M. Didelot, député des Vosges, procureur général près la cour royale de Bourges ;

Le tribunal de première instance de Châteauroux et les magistrats du ressort, présentés par M. le premier président ;

Mgr Dupont, archevêque de Bourges, et ses grands vicaires; le clergé de Châteauroux et du département ;

M. Caresme, recteur de l'Académie de Bourges, le principal et les professeurs du collège de Châteauroux, le principal du collège de La Châtre, le directeur et les professeurs de l'école normale de l'Indre, l'inspecteur et le sous-inspecteur des écoles primaires ;

Les conseillers de préfecture et les sous-préfets d'Issoudun, du Blanc et de La Châtre, présentés par M. le préfet;

Le maréchal-de-camp commandant le département, son état-major et les officiers de la garnison; le colonel de la légion de gendarmerie et ses officiers ;

Le président et les juges du tribunal de commerce de Châteauroux ;

Le président et les membres de la chambre consultative des arts et manufactures ;

Le maire de Châteauroux, les adjoints, le conseil municipal ;

L'état-major de la garde nationale ;

Les administrations charitables ;

L'ingénieur en chef des ponts-et-chaussées et les ingénieurs ordinaires ;

L'inspecteur-général et les inspecteurs des finances en mission ;

Le receveur-général et le percepteur de la ville ;

Le payeur du département ;

Le directeur et les contrôleurs des contributions directes ;

Le directeur et les agents des contributions indirectes ;

Le directeur et les principaux employés de l'enregistrement et des domaines ;

L'inspecteur des postes ;

Le garde général des forêts ;

Le directeur du comptoir d'escompte et les membres du conseil d'administration ;

Le président et les membres de la Société d'agriculture de l'Indre ;

Le président et les membres du Cercle hippique de Mézières-en-Brenne ;

La chambre des notaires de l'arrondissement de Châteauroux ;

Les maires du département ;

MM. Edmond Charlemagne et Crublier de Fougères, anciens députés.

Des membres du conseil général, du conseil d'arrondissement et un grand nombre de citoyens notables ;

Les réfugiés polonais résidant à Châteauroux.

Voici les discours adressés au prince, avec les réponses de S. A. R. :

Discours de Mgr l'archevêque de Bourges :

« Monseigneur,

» En venant offrir mes devoirs empressés à V. A. R. je prends part à la joie d'un prince qu'environnent à si juste titre les hommages, et sur lequel se fondent de si légitimes espérances. C'est la personne du roi que nous honorons dans son auguste fils, auquel nous sommes heureux d'exprimer les sentiments qui nous animent. Daigne la divine providence donner encore de longues années au sage monarque qui gouverne la France, et combler ainsi les vœux de V. A. R. et les nôtres.

» Vous êtes, Monseigneur, dans un diocèse où le clergé, tout entier à ses hautes fonctions, remplit avec un calme inaltérable un ministère tout de paix et de charité, et, dans sa conduite aussi bien que dans ses paroles, s'attache à faire aimer la religion, respecter le pouvoir, obéir aux lois. Étranger aux passions qui s'agitent, exclusivement occupé des grands intérêts qui se lient à sa divine mission, il se tient complètement en dehors de tout ce qui est d'un autre domaine, ou du moins l'unique part qu'il y prend c'est d'élever les mains vers le ciel pour appeler les lumières et les grâces d'en haut sur ceux à qui est dévolue la charge de procurer le bien-être et la prospérité à notre belle patrie. V. A. R. appréciera des dispositions évangéliques qui portent des fruits consolans en cimentant l'union et pacifiant les cœurs.

» Et vous, Madame, permettez que je dépose mes respectueuses félicitations aux pieds d'une princesse que distinguent à un éminent degré les qualités les plus précieuses, et qui sait si bien s'inspirer des hautes vertus dont elle trouve sur le trône les doux et sublimes exemples. V. A. R. était digne d'avoir une telle mère ; puissiez-vous, Madame, jouir longtemps de ce bonheur, nous y avons, nous-mêmes, un bien grand intérêt. Daigne la divine bonté répandre sur V. A. R. ses faveurs les plus signalées ! Nous les appelons de toute l'ardeur de nos vœux, et nous adressons au ciel de ferventes prières pour que les augustes voyageurs atteignent heureusement le but qu'ils se proposent et n'aient qu'à se réjouir eux-mêmes de tout ce qu'ils procureront de bonheur dans les lieux privilégiés qui seront honorés de leur visite. »

Le prince a répondu :

« Monsieur l'archevêque,

» Je me réjouis d'être en ce moment le représentant du roi pour entendre
» un organe si digne et si élevé des idées chrétiennes. Il vous appartient d'ex-
» primer de si hautes pensées et de si nobles sentiments, puisés à une source
» divine.

» Je sais que vous ne cessez de donner l'exemple de vertus vraiment aposto-
» liques ; je suis charmé de trouver cette occasion de vous faire connaître
» combien je les honore et je les apprécie.

» Je suis heureux de vous voir à la tête d'un clergé empressé de vous
» suivre et que vous conduisez si bien. »

Discours de M. Mater, premier président de la cour royale de Bourges :

« Monseigneur, Madame,

» Interprète des sentiments de la cour royale de Bourges, nous venons, le procureur-général et moi, exprimer à VV. AA. RR. les regrets qu'ont éprouvés les magistrats de cette cour de n'avoir pu vous témoigner de vive voix leur respect et leur dévouement.

» Plus heureux que cette cour, le tribunal de Châteauroux vous reçoit dans ses murs, et peut se joindre à nous pour assurer VV. AA. RR. de son attachement au trône et aux institutions de juillet. Les présidents et les procureurs du roi des tribunaux de La Châtre et du Blanc se sont empressés de se réunir à nous pour vous offrir l'hommage de leur respect. Les sentiments que nous éprouvons pour VV. AA. RR. sont partagés par tous les magistrats de ce ressort.

» Soyez-en convaincus, Monseigneur et Madame, tous nos vœux tendront à maintenir nos institutions, tous nos vœux sont pour le bonheur du roi et de son auguste famille; en cela, c'est le bonheur et la prospérité de la France que nous votons.

» Daignez, Monseigneur et Madame, en agréant les hommages d'hommes sincères et fidèles, porter aux pieds du trône, et pour les magistrats ici présents et pour tous les magistrats de ce ressort, l'assurance du dévouement le plus respectueux et le plus inaltérable. »

Le prince a répondu :

« Monsieur le président,

» Personne mieux que vous ne peut considérer d'un point de vue élevé les
» bienfaits dont nous jouissons. Chef de l'une de ces cours royales qui ont tant
» fait pour le maintien de l'ordre et la cause de la société, vous avez pu juger
» des efforts nécessaires et des progrès obtenus. Je sais combien vous y avez
» contribué, ainsi que tous les magistrats de cette cour, par votre ferme et
» impartiale justice. Jouissez des hauts témoignages de votre conscience et de
» la reconnaissance du pays. »

Discours de M. Caresme, recteur de l'Académie de Bourges :

« Monseigneur,

» Veuillez me permettre de vous exprimer ici, au nom du conseil académique de Bourges et au nom des fonctionnaires de mon académie, les sentiments de respect, de fidélité et de dévouement dont nous sommes animés pour le roi et pour son auguste famille.

» Étendre de plus en plus les bienfaits de l'instruction sous la garde de la religion et de la morale ; faire pénétrer dans les jeunes intelligences, dont la culture nous est confiée, les vives et salutaires influences de la vertu et du savoir ; inspirer enfin à nos élèves tout à la fois l'amour de nos institutions et l'amour d'une dynastie dont nous avons salué l'avènement avec enthousiasme : telles sont les obligations auxquelles nous consacrons tous nos instans.

» En préparant ainsi l'avenir de la génération qui nous suit, nous n'accomplissons pas seulement un devoir, nous cédons en même temps à un besoin du cœur, heureux et fiers que nous sommes de la haute protection accordée par nos princes à l'Université. Nous voulons, Monseigneur, ne jamais oublier que, puisque la direction de la vie entière dépend presque toujours des premières impressions du jeune âge, nous ne saurions trop faire pour acquitter, dans la mesure de nos faibles moyens, la dette de la reconnaissance.

» Monseigneur et Madame, les fonctionnaires des colléges de Châteauroux et de La Châtre, les inspecteurs des écoles primaires et les fonctionnaires de l'école normale de l'Indre, se joignent à moi pour offrir, avec le respect le plus profond, leurs hommages et leurs vœux à VV. AA. RR. »

S. A. R. a répondu :

« L'éloge que vous faites de l'Université me touche doublement, en ce qu'il
» est un juste tribut donné à de louables efforts, et qu'il me rappelle des sou-
» venirs toujours présents, toujours chers à ma pensée.

» La vertu et le savoir doivent être, comme vous l'avez si bien dit, la base de
» l'éducation nationale. C'est en ne séparant jamais ces deux éléments, en s'at-
» tachant à bien inspirer les cœurs non moins qu'à bien diriger les intelligences,
» que les instituteurs de la jeunesse actuelle mériteront sa gratitude et l'estime
» publique.

» Personne mieux que vous, Monsieur le Recteur, ne comprend ces vérités,
» puisque vous les pratiquez sans cesse et les faites pratiquer dans cette acadé-
» mie, l'une des plus considérables et des plus renommées de France. »

Discours de M. Muret de Bort, président du tribunal de commerce de Chateauroux :

« Monseigneur et Madame,

« En venant vous présenter nos respectueux hommages, notre premier devoir est de vous exprimer nos sentiments de dévouement, de vénération et de reconnaissance pour le roi, votre auguste père.

» Le commerce le bénit chaque jour de sa persévérance à faire triompher en Europe ce système de paix devant lequel s'effaceront peu à peu des préventions trop longtemps entretenues.

» Le premier besoin du commerce, c'est la paix, c'est la stabilité : le commerce a besoin d'avoir foi en l'avenir; il n'est actif et entreprenant qu'à cette condition; si elle lui fait défaut, il s'arrête, il languit, et dès lors tout s'arrête et languit avec lui. D'ailleurs, la paix a ses gloires, la paix a ses mérites; elle a ses mérites quand elle descend d'un trône autour duquel brillent tant de patriotiques ardeurs, tant de jeunes courages déjà si souvent éprouvés. Qu'y aurait-il de plus séduisant pour la royale puissance de celui qui l'occupe, pour son orgueil de père, que d'ouvrir à ses nobles rejetons la carrière des victoires, et d'y lancer avec eux le pays, poussé à leur suite par ses instincts et par ses souvenirs?...

» Mais non; celui à qui la providence a remis le soin de nos destinées songe avant tout à la mission qui lui a été confiée, au bonheur de son peuple, au bien-être de ces classes si nombreuses qu'il faut faire arriver à leur tour à l'aisance, à l'éducation, à tout ce qui constitue la dignité humaine.

» Le travail est leur unique moyen d'y parvenir, et ce n'est qu'au milieu de la paix que le travail peut être abondant, fructueux, largement rénuméré; ce n'est qu'avec la paix qu'il est posssible de doter le pays de ces grands travaux d'utilité publique qui font à la fois sa richesse et sa grandeur.

» Grâces soient donc rendues à votre auguste père, en attendant, ce qu'à Dieu plaise de retarder longtemps! que la postérité le place parmi ces grandes figures historiques qui résument toute une époque et qui viennent, pour le bonheur de l'humanité, inaugurer de nouvelles idées.

» Permettez, Madame, vous qui réflétez les vertus et la bonté de notre auguste reine, que nous vous remerciions d'avoir accompagné le prince dans la visite dont il nous a honorés; il ne pouvait rien faire qui lui donnât plus de charme et de prix. Et vous, Monseigneur, vous le futur dépositaire de nos destinées, le pays, avec qui vous faites chaque jour plus intime connaissance, sait aujourd'hui, quoique lui cache votre modestie, tout ce qu'il doit attendre de votre sagesse et de votre fermeté : il est rassuré, il est heureux quand il vous voit.

» Souffrez, Monseigneur et Madame, que le tribunal de commerce de Châteauroux vous le dise comme il le sent, et permettez-moi, en ce qui me touche, de me féliciter d'avoir été son organe auprès de VV. AA. RR. »

Le prince a répondu :

« Monsieur le Président,

» Le commerce est un des grands bienfaits de la paix; car c'est la paix qui
» entretient la sécurité et tous les précieux avantages qui viennent à la suite. Le

» roi l'a senti, et c'est vers ce noble but qu'il a constamment dirigé ses hautes
» pensées.

» Vous savez les résultats obtenus, vous les glorifiez avec raison, car ils glo-
» rifieront toujours son règne.

» Mais il a été soutenu dans ses efforts par les représentants du pays ; il se
» plaît à rapporter à leur concours les biens dont nous jouissons, qui pénètrent
» de plus en plus la masse de la nation.

» J'ai entendu, avec sensibilité, l'espoir que vous fondez sur moi ; quelle
» que soit la tâche qui m'est réservée, et plaise à Dieu de conserver le roi ! je
» m'efforcerai toujours, ainsi que mes frères, de répondre aux besoins du pays
» et à la confiance qu'il a placée en nous. »

Discours de M. Testaud-Marchain, vice-président de la Société
d'Agriculture de l'Indre :

« Monseigneur,

» La Société d'agriculture de l'Indre, dont je suis tout à la fois aujourd'hui
l'interprète et l'organe, a l'honneur de vous adresser l'expression de ses respectueux hommages. Elle représente, pour ce qui la concerne, une contrée à
laquelle la nature a refusé de grandes rivières et des eaux abondantes ; de là,
pour cette contrée, tout espoir perdu, ou qui du moins ne peut se réaliser de
longtemps, de voir son sol creusé pour la construction de canaux si économiques
pour le transport des produits.

» Dans la juste appréciation de nos besoins, le roi et les chambres ont senti
que le milieu de la France, si oublié dans la distribution de ces avantages de
double origine, puisqu'il n'avait, comme tant d'autres pays les possèdent, ni
rivières à navigation, ni canaux, ni chemins de fer, devait être enfin tiré de
l'oubli qui l'avait si longtemps frappé. Aussi la loi l'a-t-elle doté de la construction d'un chemin de fer dit *chemin du Centre*.

» Proclamons haut l'expression de notre gratitude pour l'obtention d'un établissement si vital pour toutes nos industries, et que la députation de l'Indre
trouve ici la manifestation du souvenir que le pays conserve de l'intervention
si soutenue du concours de ses députés ! Bientôt, Monseigneur, notre département possédera la portion de ce chemin qui lie nos communications avec la
capitale du monde civilisé ; quelques mois encore, et Châteauroux appartiendra,
pour ainsi dire, à la banlieue de Paris.

» Mais, pour que cet avantage soit tout ce qu'il peut être pour notre agriculture et pour notre commerce, il faut que la ligne gagne promptement les

pays situés au midi de nous. L'intérêt du département demande donc impérieusement que des allocations suffisantes de crédits soient votés sans retard pour continuer cette grande entreprise. Nous en formons ardemment le vœu, et nous vous supplions, Monseigneur, de vouloir bien en être le dépositaire et le puissant appui.

» A côté d'un si grand avantage est une circonstance dont nous avons à déplorer les terribles effets. Une inondation sans exemple vient de dévaster nos prairies. C'est la cause de pertes irréparables pour la valeur et le commerce des bestiaux ; rien ne peut en indemniser les victimes, ni les dégrèvements de charges publiques, ni les secours que donne annuellement le trésor de l'état pour soulager de grandes infortunes agricoles et que nous devons désirer de voir s'élever à une plus haute quotité : grand sinistre qui, dans beaucoup de départements, frappe annuellement l'agriculture, proclamée à si juste titre la première industrie de la nation, de cette nation si noble, si chevaleresque, qui compte tant de siècles de gloire, de cette nation, l'émule de toutes les nations, dont elle est si souvent le modèle, et dont tant d'autres envient cette belle condition qui est la sienne : *La sagesse profonde l'éclaire et la gouverne ; la paix la féconde et l'enrichit ; les lois en assurent la grandeur et la prospérité.*

» Vos hautes destinées vous appellent à maintenir un pareil ordre de choses ; c'est parce qu'elle est grande que la tâche est plus digne de vous, de vous, Monseigneur, qu'attend la gloire de l'avoir dignement remplie. »

S. A. R. a répondu :

« L'agriculture est la première industrie de la nation ; tout ce qui se fait
» pour elle agit puissamment sur la prospérité commune. On doit donc en-
» courager la culture du sol par tous les moyens. Tel est le but que se pro-
» pose le gouvernement dans les actes de sollicitude que vous venez de rap-
» peler.

» Les désastres dont ce pays a si cruellement souffert ont déjà trouvé un
» commencement de réparation dans l'empressement de la charité publique ;
» j'espère que cette bonne œuvre sera complétée, et je vous promets d'y con-
» tribuer de tous nos efforts.

» Je transmettrai au roi les vœux de la Société d'agriculture de l'Indre ; il
» y sera sensible, comme je le suis aux marques personnelles d'affection que
» renferme votre discours. »

———

Une députation du Cercle hippique de l'Indre a été reçue par LL.

AA. RR. Cette députation était composée de MM. le comte de Brèves, président du Cercle, membre du conseil-général ; Lescot Delamillandrie, vice-président, député ; Navelet, vice-président, membre du conseil-général ; à ces Messieurs se sont joints : MM. le duc de Valençay, pair de France ; Muret de Bort, Heurtault du Mez, Delavau, députés ; David, maire du Blanc ; Fombelle, Grazon, Pignot, membres du conseil-général ; Prot, Fougera, etc., etc.

Au nom du Cercle hippique, M. le comte de Brèves a présenté l'adresse suivante à S. A. R. :

« Monseigneur,

» Trois cents propriétaires ont créé dans le département de l'Indre une association dont le but est de propager en France la production des chevaux de fonds. Placés sous le patronage de l'armée et de l'agriculture, ils espèrent de S. A. R. un puissant concours.

» Tel est, Monseigneur, le vœu que nous avons l'honneur de vous exprimer au nom des sociétaires du Cercle hippique de l'Indre. Puisse S. A. R. apprécier les avantages que nos contrées présentent et agréer l'hommage de nos sentiments respectueux.

» De V. A. R. les très-humbles et très-obéissans serviteurs,

» *Le président du Cercle hippique de Mézières-en-Brenne,*
» Cte DE LANCOSME-BRÈVES.

» *Les vices-présidents,*
LESCOT-DELAMILLANDRIE, NAVELET.

Le prince a répondu qu'il connaissait les débuts satisfaisants du Cercle hippique de l'Indre ; qu'il était charmé de voir à la tête de cette institution un homme aussi spécial que M. de Brèves ; qu'il s'associait volontiers à une œuvre dont le but est tout patriotique ; que la France, si favorisée sous tant d'autres rapports, avait beaucoup à faire en ce qui concerne l'élève des chevaux. S. A. R. s'est informée ensuite des ressources que l'administration des remontes pourrait trouver dans le département de l'Indre. Lorsque la députation se retirait, un de ses membres, M. Lasserre, exprima avec effusion au prince sa reconnaissance pour les témoignages d'intérêt que S. A. R. lui a donnés, ainsi qu'aux autres chasseurs d'Afrique blessés comme lui à l'expédition de Constantine ; le prince s'est parfaitement rappelé de cette circonstance et a prié M. Lasserre de compter toujours sur son bon souvenir.

Les réfugiés polonais qui résident à Châteauroux ont été présentés à M. le duc et à Mme la duchesse de Nemours. Le prince leur a montré une bienveillance toute particulière et a exprimé à M. Zongollowitz, leur organe, toute sa sympathie pour cette nation infortunée. Voici les paroles adressées à LL. AA. RR. par M. Zongollowitz :

» Monseigneur,

» Permettez aux enfants de la malheureuse Pologne qui habitent ce département de se joindre à leurs concitoyens d'adoption pour venir exprimer à V. A. R. leur respectueuse reconnaissance pour l'hospitalité bienveillante que votre auguste père leur a offerte dans les jours de deuil de leur patrie.

» Si, dans un autre temps, nos pères partageaient la gloire militaire de la France sous les mêmes drapeaux, aujourd'hui nous partageons le bonheur qui résulte pour elle de l'ordre et de la liberté, et en apprenant à nos enfants, nés sous le ciel de la France, les malheurs de notre pays, nous leur apprendrons à bénir votre auguste famille, dont le courage et les vertus sont admirés de toutes les nations.»

Discours de M. le maire d'Ardentes :

« Monseigneur,

« Organe des fidèles habitants d'Ardentes, je viens exprimer à Votre Altesse Royale tous leurs regrets de ne pouvoir la recevoir sur le sol de leur commune et déposer à ses pieds les sentiments de leur reconnaissance la plus dévouée. La haute sagesse de notre roi, en maintenant la paix, source féconde de toutes les prospérités, a fait descendre l'aisance et le progrès au sein des plus petites communes. Plus qu'aucune autre, Ardentes a su profiter de ces heureuses dispositions.

» Je n'aurais, Monseigneur, qu'un tableau de bonheur à mettre sous vos yeux sans les désastres de la dernière inondation, dont le chef-lieu de canton a été une des premières victimes. Notre institution de charité, notre salle d'asile ont été spécialement frappées par ce fléau. J'ose donc exprimer à Votre Altesse

Royale combien ces établissements du pauvre ont de droits à votre paternelle sollicitude. »

Le prince a répondu qu'il était touché des malheurs que l'inondation a causés dans le canton d'Ardentes, et il a promis à M. le maire son intervention afin d'obtenir des secours en rapport avec les pertes que cette localité a éprouvées.

———

A cinq heures, les dames ont été admises à présenter leurs hommages à Mme la duchesse de Nemours. Durant cette réception, S. A. R. a charmé tout le monde par son esprit et son affabilité.

———

Lorsque les réceptions officielles ont été terminées, les ouvriers des manufactures ont défilé sous les fenêtres de LL. AA. RR., tambours et musique en tête, aux cris de *vive le roi! vivent le duc et la duchesse de Nemours!*

———

A six heures, le prince et la princesse ont donné un premier dîner aux notabilités de la ville et du département. Voici la liste des personnes invitées :

M. le duc de Valençay, pair de France ;
MM. Muret de Bort, Lescot-Delamillandrie, Heurtault du Mez, Delavau, députés de l'Indre ;
MM. Mater, premier président, et Didelot, procureur-général de la cour royale de Bourges ;
Mgr l'archevêque de Bourges ;
M. Ferdinand Leroy, préfet de l'Indre, et Mme Leroy ;
M. le vicomte de Rigny, général commandant le département ;
M. Roch, intendant militaire ;
M. Caresme, recteur de l'académie ;

M. Reverdy, colonel de gendarmerie ;

M. Eugène Grillon, maire de Châteauroux ;

M. Dubail, président du tribunal civil ;

M. Devasson, procureur du roi ;

M. Grillon-Deschapelles, secrétaire-général de la préfecture ;

M. Bayvet, commandant de la garde nationale ;

M. l'abbé Molat, curé de Saint-André ;

M. le comte de Brèves, membre du conseil-général, président du Cercle hippique de Mézières ;

M. Lepère, ingénieur en chef des ponts-et-chaussées ;

M. Martin, commandant du parc ;

M. le vicomte de la Calvinière, sous-intendant ;

M. Caby, capitaine de gendarmerie ;

M. le capitaine commandant le poste ;

M. l'abbé de Lutho et M. l'abbé Caillaud, grands vicaires ;

M. Trumeau, commandant les sapeurs-pompiers ;

M. de Molines, capitaine de recrutement ;

M. Guyot, principal du collége.

Dans la soirée, les édifices publics et un grand nombre de maisons particulières ont été illuminés ; l'hôtel de la préfecture, la mairie, les casernes militaires présentaient un coup-d'œil charmant. Sur beaucoup de points, des pièces d'artifices ont été tirées par les habitants. A minuit, la foule circulait encore dans les rues et sur les places de la ville.

Deuxième Journée.

Vendredi, 25 juillet.

Après un déjeûner auquel assistaient les officiers de service et M. Ollier, commandant le poste de sapeurs-pompiers qui est resté, avec les artilleurs de la garde nationale, en permanence à la préfecture, LL. AA. RR. sont allées visiter la manufacture de draps de M. Muret de Bort; elles étaient accompagnées de M. le préfet, de M. le général de Rigny, de M. le commandant de la garde nationale, et de MM. Larnac et Borel de Brétizel.

Le prince et la princesse ont été reçus, à l'entrée de la manufacture, par MM. Muret de Bort, Lataille et Duchan ; ils ont parcouru les diverses parties de l'établissement, prenant un vif intérêt aux explications qui leur étaient données sur les nombreuses transformations que subit la laine, sur le tissage du drap, sa teinture, etc., etc. M. le duc de Nemours a témoigné à M. Muret de Bort la satisfaction qu'il éprouvait de voir la fabrique des draps dans l'Indre disposée à lutter d'efforts et de sacrifices avec celles des autres contrées. « La draperie » de Châteauroux, a dit S. A. R., peut et doit rester digne de sa vieille » réputation ; je fais des vœux pour qu'elle ne se laisse pas absorber

» par les fabriques rivales, et c'est avec une vive satisfaction que je
» suivrai ses intelligentes tentatives, ses nouveaux succès. »

De la manufacture du Parc, le prince et la princesse se sont rendus à l'hospice de Châteauroux, qu'ils ont parcouru en détail, sans oublier les nouvelles salles de la Maternité. LL. AA. RR. sont allées ensuite à la mairie, où on leur a montré les armes et autres objets ayant appartenu à l'empereur Napoléon et qui ont été donnés à la ville de Châteauroux par le général Bertrand.

Pendant que Mme la duchesse de Nemours est allée visiter la salle d'asile et l'école des jeunes filles pauvres, le prince s'est rendu au collége ; les élèves de l'école normale de l'Indre et de l'école primaire supérieure de Châteauroux ; ceux de l'école d'enseignement mutuel et des frères de la doctrine chrétienne s'y étaient rendus, leurs directeurs en tête.

S. A. R a été reçue par M. Caresme, recteur de l'Académie, M. Guyot, principal, et MM. les professeurs du collége. M. le principal a adressé au prince l'allocution suivante :

« Monseigneur,

« Le collége de Châteauroux conservera longtemps un précieux souvenir de la visite dont V. A. R. daigne l'honorer aujourd'hui, longtemps la reconnaissance vivra dans nos cœurs.

» La France est fière des fils de son roi, elle les montre avec orgueil aux étrangers, elle les suit avec amour, tantôt sur les champs de bataille, où ils vont ressusciter la valeur de leurs ancêtres, tantôt dans les ateliers des arts et de l'industrie qu'ils animent, qu'ils soutiennent de leur noble protection ; mais pourrait-elle voir sans émotion un prince, placé si près du trône, descendre en quelque sorte de la hauteur de sa position pour pénétrer dans ce modeste asile de la paix et du travail, poux exciter le courage des jeunes gens, en leur montrant le haut prix qu'il attache à leurs études?...

» Au moment où la ville de Châteauroux cherche à donner une nouvelle impulsion à ce collége que lui a conservé le zèle infatigable du premier magistrat de la cité, V. A. R. apparaît comme un astre bienfaisant pour soutenir l'ardeur, féconder les efforts, et communiquer à tous l'intérêt qu'elle porte à l'instruction publique.

» Guidés par les conseils du savant chef de cette académie, dont le zèle pour la prospérité de ce collége ne trouve d'égal que dans son dévouement au roi et aux institutions de notre pays, nous tous, fonctionnaires de cet établissement, nous contribuerons dans la proportion de nos forces à la réalisation de vœux si légitimes ; nous n'oublierons jamais la grave responsabilité que nous avons contractée non seulement envers la patrie, mais encore et surtout envers Dieu. En cherchant à développer l'esprit et le cœur de la jeunesse, nous nous rappellerons sans cesse que l'état attend de nous de bons citoyens, et que pour parvenir à ce but, nous devons apprendre à nos élèves à confondre dans leur amour Dieu et leurs parents, qui sont sur cette terre sa vivante image, la patrie et le roi, si digne de la représenter par son dévouement à tous ses intérêts, par son courage comme par ses vertus.

» Vous avez désiré, Monseigneur, que tous les degrés d'instruction fussent réunis dans ce collége. Tous ces enfants, depuis la philosophie jusqu'au dernier échelon de l'instruction primaire, ont reçu, avec une joie indicible la nouvelle de cette faveur. Que V. A. R. en voie l'expression dans ces acclamations qui accueillent son arrivée dans cette maison, dans celles de cette foule de mères qui se pressent partout sur son passage, sur le passage aussi de cette royale et gracieuse princesse qui, comme vous, Monseigneur, répand sur les enfants d'autres écoles les trésors de bontés que renferme son noble cœur.

» Jouissez de ce paisible triomphe, Monseigneur, et permettez-nous de le saluer par ce cri patriotique, qui résume tout l'amour que nous portons à votre auguste famille : *Vive le roi !* »

Le prince a répondu :

« Je me félicite d'avoir tenu à visiter le collége de Châteauroux ; il m'est
» particulièrement agréable de me trouver au milieu de la jeunesse, de lui
» montrer l'affection que je lui porte et le prix que j'attache à ses travaux.

» Le collége de Châteauroux marche vers un avenir prospère. Sous votre
» habile direction, il ne peut manquer de remplir le vœu des familles, en même

» temps que de répondre aux intentions du gouvernement. Élever les cœurs
» par la vertu, les esprits par l'intelligence; former des hommes utiles, de bons
» citoyens : voilà ce que le gouvernement et les familles demandent aux col-
» léges. Ils trouvent ces avantages dans cet établissement, je le sais et je suis
» heureux de vous en exprimer toute ma satisfaction. »

Un élève en philosophie a lu les vers que voici à S. A. R. :

Monseigneur,

Nous rendons grâce au ciel dont la douce influence,
    Aujourd'hui vous montre à nos yeux,
Vous le plus ferme appui du beau trône de France,
    Prince au cœur généreux,

Qui, marchant sans fléchir sur les traces d'un père
    Digne émule de Saint-Louis,
Avez su, par les traits d'une âme noble et fière,
    Conquérir l'amour du pays.

Oh! que n'ai-je aujourd'hui la harpe du poète
    Et l'éloquence de ses chants,
Pour louer ces vertus qu'un peuple entier répète,
    De sa voix aux mâles accens.

J'aimerais à conter la profonde sagesse
    Qui règne dans tous vos discours,
Cette aimable bonté, ce regard qui s'abaisse
    Sur le pauvre implorant secours.

Que d'éclatants bienfaits que partout on publie,
    Que de traits on pourrait citer?
J'en connais un bien beau... mais votre modestie
    Me défend de le raconter.....

Fais retentir les cieux de tes chants d'allégresse
    O mon pays! réjouis-toi,
Pavoise tes maisons, que ton peuple s'empresse
    A fêter le fils de son roi

Et nous, rendons tous grâce à la sollicitude
Qu'il fait éclater en ce jour,
En daignant visiter le temple de l'étude,
Des Muses paisible séjour.

Oui, d'un jour aussi beau gardons la souvenance,
Parmi nous qu'il vive à jamais,
Et par nos cris d'amour et de reconnaissance
Montrons des cœurs vraiment français.

Et pleins des sentiments que son nom nous inspire,
Amis, répétez avec moi,
Dans les brûlants transports d'un généreux délire,
Vive Nemours vive le Roi!

Après cette pièce de vers, qui a paru faire beaucoup de plaisir au prince, un discours a été prononcé par un élève de l'école normale ; enfin, six enfants de l'école des frères se sont avancés vers le prince et l'un d'eux lui a adressé cette petite allocution :

» Quoique jeunes encore, nous apprécions la faveur dont nous honore Votre Altesse Royale : nous sommes heureux de lui exprimer notre reconnaissance pour cette preuve touchante de sa bonté.

» Daignez, Monseigneur, accepter nos respectueux hommages et porter aux pieds du trône l'expression des vœux que nous adressons chaque jour au ciel pour le bonheur de votre auguste famille.

» Les enfants de la France ne sauront jamais assez que c'est à un roi cher à la patrie qu'ils doivent le bienfait d'une instruction morale et religieuse ; aussi puissent-ils voir ses augustes enfants l'entourer longtemps encore de leur profonde vénération ! c'est là notre vœu, le vœu de nos maîtres, celui de tous les vrais français.

» *Vive le Roi ! vive le duc de Nemours !*

Le prince, entouré de ceux des élèves de l'école qui étaient décorés de la croix, s'est exprimé en ces termes :

« Voilà l'élite de la classe, ceux qui ont mérité aujourd'hui la croix d'hon-

» neur. Ils persisteront dans leurs efforts et se montreront dignes, ainsi que
» leurs condisciples, de la protection dont leur jeunesse est entourée. »

S'adressant aux frères, S. A. R. leur a dit :

« Le roi vous aime beaucoup, il apprécie tout le bien que vous faites en
» France ; je promets ma protection à votre école de Châteauroux. 550 en-
» fants fréquentent vos classes, vous n'êtes que cinq frères pour diriger ce
» grand nombre d'élèves, vous n'êtes pas assez nombreux. »

S. A. R. s'est rendue à la chapelle, où elle a été reçue par M. l'abbé Damourette, aumônier, qui lui a adressé les paroles que voici :

« Monseigneur,

» Veuillez me permettre de proclamer, dans cette circonstance solennelle, que, grâce surtout au concours éclairé du chef de l'établissement, la religion me semble établir dans cette maison un empire durable. Je me plais dans cette pensée que MM. les élèves du collége de Châteauroux tiendront à honneur de conserver purs et intacts des sentiments religieux qui ont inspiré le génie de Bossuet et de Fénélon.

» Votre exemple, Monseigneur, contribuera puissamment à produire cet heureux résultat.

» Plus d'une fois, je rappellerai à MM. les élèves qu'un prince cher à la France s'est agenouillé au pied de notre autel et a mêlé ses prières à nos prières.

» Dans cette enceinte, Monseigneur, vous ne voyez que des chrétiens et des français : chrétiens, nous sommes soumis aux lois de notre pays; français, nous sommes pleins de dévouement pour la personne du roi. Daigne la divine providence le conserver longtemps encore à l'affection de l'Europe entière !

» Soyez bien persuadé, Monseigneur, que nos vœux les plus ardents seront toujours pour votre bonheur et celui de votre royale famille. »

Le prince a remercié vivement M. l'aumônier des sentiments qu'il lui exprimait, et il l'a félicité sur l'attitude modeste et respectueuse qu'il remarquait dans les élèves du collège.

Le prince a visité les salles d'étude et les dortoirs, en s'entretenant avec M. le recteur et les professeurs. Les élèves étaient restés dans la cour et, pendant ce temps, la musique de la garde nationale, placée en face du péristyle, exécutait des morceaux d'harmonie.

Dans sa visite à l'école gratuite de filles, Mme la duchesse de Nemours a été accompagnée par les dames inspectrices de cet établissement. S. A. R. en a examiné avec beaucoup d'intérêt et de soin toutes les parties, et elle a témoigné à diverses reprises, soit aux sœurs, soit aux dames inspectrices, sa satisfaction de l'état prospère dans lequel elle le trouvait.

Les sœurs de la maison d'orphelines de Déols se sont rendues à l'école des filles de Châteauroux pour rendre leurs devoirs à S. A. R. Une de leurs élèves a présenté un bouquet de fleurs à la princesse, en lui adressant ces paroles :

» Madame,

» Veuillez nous permettre de vous offrir des fleurs en reconnaissance de vos sympathies pour le malheur.

» Dans quelque temps, Madame, les orphelines pauvres de notre département seront reçues dans la maison de nos bonnes sœurs; dans leur infortune, qu'elles sont heureuses ! le ciel leur a donné une seconde mère. Votre cœur généreux, Madame, nous répond qu'un ange veillera sur elles. »

Avant son départ de Châteauroux, M. le duc de Nemours a bien voulu demander un mémoire sur cette maison ; son intention est d'accorder à cet établissement son patronage. (1)

En quittant le collége, M. le duc de Nemours s'est rendu au Parc

---

(1) La maison des orphelines pauvres est instituée, à Déols, pour toutes les communes du département de l'Indre ; l'entretien de l'établissement se fera au moyen des allocations du conseil général de l'Indre et du produit d'une souscription.

du train des équipages militaires ; il a visité en détail cet établissement, qui va devenir, par suite de constructions nouvelles en voie d'achèvement, l'un des plus considérables de France. S. A. R. s'est longuement entretenue avec M. le commandant Martin et avec les autres officiers des ressources que le pays présente au point de vue des approvisionnements d'équipages, et du développement dont le Parc de Châteauroux est susceptible.

M. le duc de Nemours est allé ensuite à la caserne des ouvriers constructeurs et du train des équipages, située dans le faubourg des Marins. Il a parcouru les salles, les écuries, et s'est fait rendre compte par les soldats de l'état du casernement ; il a goûté du pain de munition et inspecté les objets de couchage pour s'assurer si tout était bien conforme aux réglements militaires. Avant de quitter la caserne, S. A. R. a exprimé sa satisfaction de la bonne tenue qu'il y avait remarquée.

Comme le jour précédent, Mgr le duc et Mme la duchesse de Nemours ont donné un dîner de quarante couverts. Les personnes invitées étaient :

M. Ferdinand Leroy, préfet, et Mme Leroy ;
M. le général de Rigny ;
M. le maire de Châteauroux ;
M. Muret de Bort, député de l'Indre ;
M. le baron de Saint-Paul, inspecteur général des finances ;
M. Lemor, vice-président du tribunal civil de Châteauroux ;
M. Marchain, vice-président de la société d'agriculture de l'Indre ;
M. Godard, juge au tribunal de commerce de Châteauroux,
M. le général Constantin de Greuille, membre du conseil général ;
M. Damourette, directeur du comptoir d'escompte ;
M. Poulle, aide-de-camp du général de Rigny ;
M. le vicomte Duquesne, capitaine de vaisseau ;
M. Delatramblais, sous-préfet du Blanc ;

M. Delmas, sous-préfet de la Châtre ;

M. de la Chastre, sous-préfet d'Issoudun ;

M. Mars, adjoint au maire de Châteauroux ;

M. Bertrand, doyen des conseillers de préfecture de l'Indre ;

M. Bertrand-Boislarge ;

M. Navelet, membre du conseil-général ;

M. Desmeloizes, inspecteur des forêts ;

M. Daiguzon, président du tribunal civil de La Châtre ;

M. Rochoux, procureur du roi près le même siège ;

M. Auger, président du tribunal civil d'Issoudun ,

M. Bernard de la Martellerie, procureur du roi près le même siège ;

M. David, maire du Blanc ;

M. de Lapparent, maire d'Issoudun ;

MM. les officiers commandant les postes.

MM. Edmond Charlemagne, Thabaud-Linetière, membres du Conseil général ; Bernard, président du tribunal civil du Blanc ; Bonnesset, procureur du roi, invités, n'ont pu accepter, les deux premiers pour cause de santé, les deux derniers comme étant déjà répartis.

Le bal donné par la ville à LL. AA. RR. a été magnifique. Il est impossible d'imaginer une fête mieux entendue, de meilleur goût, plus animée. La salle du théâtre, déjà gracieuse par elle-même, présentait le plus charmant aspect, décorée qu'elle était avec une richesse élégante et simple à la fois, parée de tapis, de fleurs, d'arbustes, inondée de lumière. Plus de mille personnes, l'élite de la société du pays, se pressaient dans cette enceinte, transformée, à force de soins et d'art, en un immense et charmant salon. Tout ce que la ville de Châteauroux et le département de l'Indre comptent de belles et jeunes femmes était là éblouissant de beauté, de distinction et de parure.

Une loge spéciale avait été disposée pour le prince et la princesse, qui sont venus à neuf heures moins un quart. Les personnes du bal ont été averties de leur arrivée par les acclamations de la foule, acclamations que LL. AA. RR. ont recueillies non moins intenses et unanimes à leur entrée dans la salle. Mme la duchesse de Nemours avait une robe de crêpe vert sur fond de satin, sans ornements ni broderies ; sa coiffure en bandeaux se composait d'une couronne de pensées. Avec cette toilette si simple, S. A. R. était charmante ; elle n'avait pas besoin d'être la reine du bal par le rang, elle l'était par la beauté, la grâce et la candeur.

LL. AA. RR. ont été reçues, sur le péristyle du théâtre, par M. Mars, adjoint, qui a offert un bouquet à Mme la duchesse de Nemours, et par les commissaires du bal au nombre de douze et dont voici les noms :

MM. Trumeau ;
    Delaleuf ;
    Edme Martinet ;
    Protade Martinet ;
    Henri Martinet ;
    Raoul Charlemagne ;
    Arthur de Fougères ;
    Moulineau ;
    Joseph Lenoir :
    de Saint Cyran ;
    Bonnichon ;
    le vicomte de la Panouse.

A l'entrée du prince et de la princesse tout le monde s'est levé et les cris de *vive le roi ! vivent le duc et la duchesse de Nemours !* ont éclaté de tous les points. LL. AA. RR. ont fait le tour de la salle, accompagnées de M. Eugène Grillon, qui leur présentait tour à tour les personnes invitées ; à chacune le prince adressait un mot bienveillant, la princesse une parole aimable.

Le bal a ensuite commencé. Mme la duchesse de Nemours a dansé la première contredanse avec M. Eugène Grillon, maire de Châteauroux ; la deuxième avec M. Trumeau, commissaire du bal et capitaine de la compagnie de sapeurs-pompiers de Châteauroux ; la troisième avec M. Ferdinand Leroy, préfet de l'Indre.

Onze heures allaient sonner lorsque le prince et la princesse se sont retirés ; comme leur entrée, leur départ a été accompagné de vives et générales acclamations.

Le bal s'est terminé vers quatre heures du matin ; il a eu jusqu'au bout cette animation de bonne compagnie qui est à la fois un hommage pour ceux qui ont préparé ou dirigé la fête et un éloge pour ceux qui y ont été admis.

Dans l'allée qui fait face au théâtre et qui était admirablement illuminée, un feu d'artifice a été tiré vers dix heures ; bien que la foule fut immense, il n'est survenu aucun désordre ni arrivé aucun accident.

—

Par un malentendu regrettable, la population de St-Christophe a attendu toute la matinée de vendredi la visite de LL. AA. RR. On avait cru que la salle d'asile de St-Christophe serait honorée de la présence du prince ; mais l'établissement situé près le bois des Capucins ayant été préféré, l'itinéraire a été modifié. M. le duc de Nemours ayant appris le soir la déconvenue de ce quartier si intéressant, en a manifesté beaucoup de regrets. Il était malheureusement trop tard pour y remédier. S. A. R. eût visité très volontiers une population pour le sort de laquelle elle a montré tant de sympathie.

—

Dans cette journée de vendredi, M. Delmas, sous-préfet de La Châtre, a remis à M. le duc de Nemours l'adresse suivante, votée à l'occasion du passage de LL. AA. RR. dans le Berry par le conseil d'arrondissement de La Châtre :

« Monseigneur,

» Le conseil de l'arrondissement de La Châtre, réuni pour la première partie de la session de 1845, ressent le besoin de joindre ses acclamations à celles qui bientôt vont saluer l'arrivée de Votre Altesse Royale et de votre noble épouse dans le département de l'Indre.

» Le conseil dépose à vos pieds l'expression des regrets qu'il éprouve de voir la contrée qui lui a remis la défense de ses intérêts privée de votre présence. Vos Altesses Royales eussent trouvé dans l'immense majorité de la population de l'arrondissement de La Châtre, le dévouement dont elles reçoivent partout les témoignages.

Puisse Votre Altesse Royale n'avoir à remplir que dans un avenir lointain la grande et laborieuse mission dont elle se montre si digne et que le vœu de la France lui a réservée. Puisse le ciel accorder de longs jours encore à notre sage monarque, à cette reine, modèle de toutes les vertus, et combler de prospérités leur royale famille.

La Châtre, le 21 juillet 1845.

Signé : LECAMUS, *président ;* DELAGARDE, *secrétaire* ; L. BAUCHERON ; CHOPPY ; THABAULT-BUSSIÈRE ; LETAVERNIER DE LA MAIRIE ; YVERNAULT, *membres du conseil.*

S. A. R a chargé M. Delmas d'exprimer à MM. les membres du conseil combien elle était touchée de cette démarche, et de les assurer de ses sentiments de gratitude et de bienveillance.

———

M. le duc de Nemours a remis à M. le préfet de l'Indre la somme de 4,000 fr., pour être distribuée aux plus malheureuses victimes des dernières inondations dans le département.

———

Sur la demande que M. le comte de Lancosme-Brèves a adressée au prince au nom du Cercle hippique de Mézières-en-Brenne, S. A. R. a fondé un prix de 1,000 fr. pour les courses de 1846.

Mme la duchesse de Nemours a chargé M. le préfet de remettre un bijou précieux à Mlle Bernard de la Martellerie et à Mlle Mars, qui ont offert des fleurs et complimenté S. A. R. lors de son passage à Issoudun et à Châteauroux.

Troisième Journée.

Samedi, 26 juillet.

Le départ de Mgr le duc et de Mme la duchesse de Nemours était annoncé pour neuf heures du matin. Dès huit heures, une grande afflence d'habitants se faisait remarquer dans les rues voisines de l'hôtel de la préfecture et sur les points où devait passer le cortège.

A neuf heures et demie, LL. AA. RR., accompagnées de M. le préfet de l'Indre et de M. le général de Rigny, sont montées en voiture après avoir pris congé de M. le maire et des principales autorités. Le prince s'est plu à répéter à M. Eugène Grillon combien il avait été satisfait de la fête de la veille, des dispositions pleines de goût qui avaient été prises, de l'aspect brillant de cette magnifique réunion et surtout des sympathies qu'il avait rencontrées. Jusqu'à la limite de la ville, les augustes voyageurs ont trouvé une foule empressée de leur témoigner, encore une fois, son respect et son attachement. Les cris de *vive le duc, vive la duchesse de Nemours!* ont salué le prince et la princesse lorsque leur voiture a dépassé la limite de l'octroi sur la route d'Argenton.

Au relais de Lothiers, les maires, les conseils municipaux, les curés de plusieurs communes voisines se trouvaient réunis. Le prince leur a adressé les plus bienveillantes paroles.

—

La ville d'Argenton offrait un spectacle imposant. Une foule immense garnissait la place et le pont ; une allée de verdure, très-pittoresquement disposée, conduisait à la mairie, qui elle-même avait été décorée avec beaucoup d'élégance. A onze heures, LL. AA. RR. sont descendues de voiture et ont été reçues par M. Duhail, maire d'Argenton, assisté des adjoints et du conseil municipal. Plus de vingt curés étaient présents, ainsi que toutes les notabilités de la ville et des environs.

Une corbeille de fleurs a été offerte à la princesse par sept jeunes personnes, dont voici les noms :

Mlles Auclerc ;
Crochereau ;
Lavillatte ;
Mercier-Génétoux ;
Pataud ;
Rochoux ;
Tricoche.

Le compliment suivant a été dit par Mlle Auclerc, et S. A. R. y a répondu avec la plus gracieuse amabilité :

« Comment oser présenter à Votre Altesse Royale ce modeste tribut de nos respectueux hommages, lorsque tant de grandes cités, envieuses de lui plaire, déposent chaque jour à ses pieds les riches produits des arts et de l'industrie ? Moins bien traités du sort, nous n'avons que des fleurs moins fraîches et moins belles que l'auguste princesse à qui nous les offrons. Mais nos cœurs sont profondément dévoués, et le sympathique élan qui nous rassemble ici pour fêter la présence de Votre Altesse Royale, lui est un sûr garant de notre dévouement et de notre amour. »

LL. AA. RR. sont montées dans le salon de l'Hôtel-de-ville. M. Duhail, maire, leur a adressé ce discours :

« Prince,

» Le conseil municipal de la ville d'Argenton a l'honneur de vous présenter l'hommage de son respectueux dévouement.

» La population tout entière, accourue sur le passage de V. A. R., témoigne mieux que je ne saurais l'exprimer les sentiments d'affection qu'elle porte au fils de son roi et à la bienveillante princesse, votre épouse, si digne des hautes destinées qu'elle est appelée à partager avec vous.

» Prince, le souvenir de ce jour, qui sera compté par nous comme un jour heureux, restera gravé dans nos cœurs. Le Roi, dans sa sollicitude, a voulu qu'il n'y eût pas un coin de terre dans ce royaume qui ne fût visité par ses fils ; il a voulu qu'ils lui fissent connaître les besoins de chacun, ne croyant pas devoir laisser à d'autres le soin de soulager l'infortune.

» Hélas ! jamais l'aspect de ce pays n'a été plus douloureux à contempler, et quelque pénible qu'il puisse être pour nous tous de troubler un instant la joie que la présence de V. A. R. nous inspire, l'étendue de nos malheurs, la reconnaissance des bienfaits, que déjà nous avons reçus, nous imposent l'obligation de vous faire connaître nos désastres et les souffrances qui en sont la suite. Deux fois, dans l'espace de dix jours, nous avons vu nos campagnes ravagées par des inondations telles que nos annales n'en rapportent pas de pareilles. Deux fois nos habitations ont été envahies par les eaux, avec une impétuosité telle que c'est à peine si les personnes ont eu le temps de chercher dans les étages supérieurs un refuge contre le torrent qui menaçait de les entraîner. Jamais la vue de nos princes n'avait été plus désirable parmi nous : elle ranime notre énergie un moment abattue, fait renaître nos espérances pour l'avenir, et la faveur dont V. A. R. daigne nous honorer devient un allégement à nos maux.

» Prince, la ville d'Argenton, essentiellement amie de l'ordre, profondément attachée à nos institutions constitutionnelles et à la dynastie dont le Roi, votre père, est l'illustre chef, ose supplier V. A. R. de déposer aux pieds du trône, sur lequel reposent nos plus chères espérances, l'expression de son amour et de sa fidélité.

» Madame,

» La renommée des hautes et brillantes qualités qui vous distinguent vous avait devancée depuis longtemps parmi nous, et vous avait placée dans nos cœurs l'égale de notre Reine bien-aimée; modèle de toutes les vertus. Daignez, Madame, recevoir nos respects et nos hommages, et accueillir les vœux ardens que nous formons pour le bonheur de V. A, R. et pour celui de votre auguste descendance. »

S. A. R. a répondu :

« Le tableau que vous venez de faire des malheurs qui ont frappé si cruelle-
» ment la ville d'Argenton m'a vivement touché. Pour réparer un pareil désas-
» tre, la sollicitude du gouvernement ne saurait être trop active; je serai heu-
» reux de la provoquer. Les habitants d'Argenton ne pouvaient trouver un
» meilleur interprête que vous, Monsieur le Maire. Je sais que vous avez cou-
» rageusement payé de votre personne dans ces circonstances douloureuses;
» l'éloge de votre généreux dévouement est dans toutes les bouches.

» Je porterai désormais à votre ville un intérêt tout particulier. Des destinées
» nouvelles lui sont ouvertes par l'établissement du chemin de fer qui traver-
« sera le département de l'Indre à proximité de la ville d'Argenton. Votre
» patriotisme doit voir, dans cette grande entreprise, un sujet d'espérance
» pour l'avenir, et un motif de consolation pour les pertes que vos concitoyens
» ont éprouvées.

» Je vous remercie, au nom de Madame la duchesse de Nemours et au mien,
» des sentiments affectueux que vous avez bien voulu nous témoigner. »

Après avoir pris quelques instants de repos, LL. AA. RR. ont quitté la mairie et bientôt la ville d'Argenton. A mainte reprise, sur le passage du cortège, où se pressait la population tout entière, des acclamations ont accueilli le prince et la princesse, qui ont répondu avec la plus cordiale bienveillance à ces témoignages d'attachement.

Au relais du Fay, commune de Parnac, était la dernière station de de LL. AA. RR. dans le département. Les habitants des campagnes s'y étaient portés avec des drapeaux et des bannières. Cette localité, qui est une espèce de désert habituellement, avait pris un air de fête tout à fait remarquable. Plus de trente maires, dont quelques-uns de communes éloignées, et autant de curés des circonscriptions de La Châtre et du Blanc, se trouvaient réunis à MM. Delmas et Delatramblais, sous-préfets de ces arrondissements. Un arc de triomphe en verdure avait été élevé par les soins de M. Delouche, maire de Parnac, et de M. Delaneau, adjoint, maître de poste.

A midi, la voiture de LL. AA. RR. est arrivée. Le prince est descendu, et M. le préfet lui a présenté MM. les sous-préfets, les maires et les curés accourus sur son passage. M. le maire de Parnac a exprimé au prince toute la satisfaction causée par sa présence dans des lieux depuis si longtemps délaissés. La réponse de S. A. R. a excité les manifestations de la plus vive sympathie.

C'est alors que LL. AA. RR. ont pris congé de M. Ferdinand Leroy, préfet de l'Indre et de M. le général de Rigny, qui les avaient accompagnées jusqu'au Fay. Mgr le duc de Nemours a exprimé, avec une bonté et une insistance toutes particulières, combien il était satisfait de son séjour en Berry. Se tournant vers M. le Préfet, il a dit à ce magistrat :

« Je me félicite d'avoir parcouru le département de l'Indre dans toute son
» étendue et d'avoir pu apprécier toutes les améliorations qui se préparent pour
» cette intéressante contrée.

» Je suis heureux des marques d'empressement et d'affection que j'ai recueil-
» lies de la part des populations, de la part des administrations municipales et
» des membres du clergé ; j'en conserverai fidèlement le souvenir et je ne
» manquerai pas de le porter au Roi et à la Reine. »

La princesse a daigné ajouter à ces flatteuses paroles les expressions de la plus gracieuse bienveillance.

LL. AA. RR. sont bientôt parties aux cris de *vive le Roi! vive le duc de Nemours!* Une demi-heure après, elles entraient dans le département de la Creuse, laissant dans notre département des impressions qui ne s'effaceront jamais.

Appendice.

Circulaire de M. FERDINAND LEROY, Préfet de l'Indre, aux maires du département.

Messieurs,

Ce n'était pas assez pour le département de l'Indre d'avoir été récemment admis à jouir, l'un des premiers en France, des conquêtes de la science et de l'industrie, il fallait encore que ses vœux et ses intérêts fussent étudiés par un des fils du Roi. Après la réparation matérielle et commerciale, il fallait la réparation politique et morale ; on ne devait pas moins attendre de la puissante équité qui préside aux destinées de la patrie. Aussi, Messieurs, des rapports plus directs vont-ils s'établir enfin entre nos contrées, si longtemps délaissées, et la dynastie nationale de juillet à laquelle appartient l'honneur de la régénération du vieux Berry ; encore quelques jours et LL. AA. RR. Mgr le duc et Mme la duchesse de Nemours en toucheront le sol, le parcourront dans toute son étendue, le visiteront en détail et se mêleront sans contrainte aux populations dont les vœux ont été compris et satisfaits.

Ce voyage, Messieurs, est un bienfait, un acte de haute bienveillance ; c'est là son caractère véritable. Le Roi, qui veille sur tous, a chargé un de ses fils d'examiner par lui-même l'état de votre agriculture et de votre commerce, et il a choisi celui d'entre eux que la providence appellera peut-être un jour à remplir une difficile et généreuse mission. En effet, Messieurs, S. A. R. Mgr le duc de Nemours veut avant tout s'éclairer sur la situation du pays, s'instruire des faits généraux et particuliers qui se rattachent à ses progrès et à son avenir, prêter une oreille attentive à tous les principaux organes de vos intérêts. Vous lui direz ainsi vos besoins et vos espérances ; il cherchera les moyens de les satisfaire ; il en portera la connaissance jusque vers le trône. Vous lui direz vos récentes souffrances, car nul n'y compâtit plus que lui, et nul n'a plus fait pour en adoucir la rigueur ; sa sollicitude particulière vous est acquise par la seule raison que vous avez été malheureux.

J'en suis convaincu, Messieurs, votre sympathique concours ne fera pas défaut au prince éclairé qui entreprend ainsi le sérieux examen de vos plus chers intérêts, qui recherche la vérité bien avant les acclamations. Vous entourerez de soins empressés la jeune épouse qui l'accompagne ; la Reine, ce modèle accompli des épouses et des mères, sera ainsi représentée au milieu de nous par une princesse si digne d'être appelée sa fille et qui vous apportera le reflet fidèle des vertus et des grâces de son auguste famille.

LL. AA. RR. Mgr le duc et Mme la duchesse de Nemours parcourront l'itinéraire suivant: le 24 juillet, Reuilly, Issoudun, Châteauroux, où elles arriveront vers quatre heures du soir. — Le 26, séjour à Châteauroux. — Le 26, au matin, départ pour Guéret, par Argenton, le Fay et la Souterraine.

A Issoudun le 24 à midi, à Châteauroux le même jour à quatre heures, à Argenton le 26 à dix heures du matin, les maires de toutes les communes de ces cantons devront se rendre dans leurs chefs-lieux respectifs pour se réunir aux autorités locales, sauf cependant ceux dont le prince traversera les communes et qui devront se trouver sur son passage, comme MM. les maires de Reuilly, Diou, Sainte-Lizaigne, Neuvy-Pailloux, Montierchaume, Déols, Luant (à Lothiers), Tendu, Celon et Vigoux ; ce dernier pourra se trouver à Celon.

Les maires et les conseils municipaux des communes voisines de celles désignées ci-dessus pourront se réunir au lieu indiqué d'avance suivant les instructions particulières données par MM. les sous-préfets ou par moi.

Au relai du Fay se réuniront : 1º MM. les maires de Parnac, de Saint-Gilles, et autres communes circonvoisines de l'arrondissement du Blanc ; 2º les maires de l'arrondissement de La Châtre dont les communes sont limitrophes.

Je verrais avec satisfaction que les conseils municipaux accompagnassent MM. les maires ; ils pourront être convoqués à cet effet.

Les localités seront, autant que possible, pavoisées de drapeaux aux couleurs nationales.

Je me ferai un plaisir de présenter à LL. AA. RR. tous ceux d'entre vous qui se rendront à la préfecture le 24, à quatre heures de l'après-midi.

Les fonctionnaires municipaux devront être revêtus de leurs écharpes.

Je n'ai pas besoin d'insister davantage, Messieurs, sur vos devoirs en cette circonstance ; mes intentions et mes sentiments sont les vôtres. Aujourd'hui, plus que jamais, je compte sur votre empressement à entrer dans mes vues. Les hôtes illustres que nous attendons trouveront partout un accueil digne d'eux, dignes des bienfaits que vous avez reçus, digne de votre reconnaissance.

Agréez, Messieurs, l'assurance de ma considération très-distinguée,

F^d LEROY.

Ordre du jour de M. le maréchal de camp vicomte DE RIGNY, commandant le département de l'Indre.

Le 24 juillet, jour de l'arrivée à Châteauroux de LL. AA. RR. Mgr le duc et Mme la duchesse de Nemours, les corps de la garnison seront placés dans l'ordre suivant :

La 2e compagnie d'ouvriers constructeurs se portera hors des limites de la la place et sera formée en bataille à la gauche des sapeurs-pompiers de Châteauroux et de Déols.

A l'arrivée de LL. AA. RR., la troupe présentera les armes, les tambours battront aux champs et les clairons sonneront la marche.

Un peloton du Dépôt du 1er escadron du Train des équipages militaires, commandé par M. le capitaine Souvay, attendra LL. AA. RR. à un kilomètre de la ville et les escortera jusqu'à l'hôtel de la préfecture.

Le prince devant monter à cheval après avoir été complimenté par l'autorité municipale, l'escorte sera formée ainsi qu'il suit :

Deux gendarmes en avant, la carabine haute.

Un brigadier et deux gendarmes, le sabre à la main, à dix pas en arrière des deux premiers. Le peloton du Train marchera immédiatement après les voitures de suite de LL. AA. RR.

Un détachement de la gendarmerie départementale, commandé par un maréchal-des-logis, fermera la marche.

Une salve de vingt et un coups de canon sera tirée au moment où la tête de l'escorte arrivera à la hauteur de la place des Cordeliers.

Les troupes d'infanterie rentreront dans leurs quartiers.

Aux termes du décret du 24 messidor an XII, une garde d'honneur avec un drapeau, commandée par un capitaine, un lieutenant et un sous-lieutenant, doit se trouver à la porte du logis de LL. AA. RR. avant leur arrivée.

Ce poste se composera de tous les hommes disponibles du Dépôt du 1er escadron du Train des équipages militaires, sous les ordres de M. le capitaine major Rigollot, de MM. Pinson et Séguy ; il fera le service conjointement avec un détachement de la compagnie de sapeurs-pompiers, lequel aura la droite toutes les fois que la garde prendra les armes. Le même ordre sera observé pour la pose des factionnaires.

M. de Molines, commandant la place de Châteauroux, transmettra les consignes, le mot d'ordre et toutes les instructions particulières que le général commandant serait dans le cas de donner.

Le 25, à midi, la garde d'honneur sera relevée par la compagnie d'ouvriers constructeurs. Cette compagnie fera le service concurremment avec le détachement de la garde nationale ou des sapeurs-pompiers que l'autorité municipale désignera ; la droite sera toujours réservée à ce détachement.

Indépendamment du service d'escorte fourni par la gendarmerie départementale, le piquet du Train des équipages militaires se tiendra prêt à monter à cheval toutes les fois que LL. AA. RR. sortiront en voiture.

Un poste de dix hommes, commandé par un sergent et tiré de la compagnie d'ouvriers, sera placé le 25 à la porte d'entrée du Parc de construction qui doit être visité par Mgr le duc de Nemours.

MM. les officiers supérieurs et autres de toutes armes, même les fonctionnaires de l'intendance et officiers d'administration sous leurs ordres, devront se trouver le 24, à quatre heures de l'après-midi, à l'hôtel de la préfecture.

De nouveaux ordres seront donnés pour rendre les honneurs militaires à LL. AA. RR. le 26, jour de leur départ.

A Châteauroux, le 22 juillet 1845.

Le Maréchal de camp, Commandant le département de l'Indre,

Signé : Vte DE RIGNY.

Pour copie conforme :

Le Capitaine aide-de-camp,

Eudoxe POULLE.

Extrait du JOURNAL DE L'INDRE du 24 juillet 1845.

M. le duc de Nemours n'est pas assez connu ; cette ignorance où sont beaucoup de personnes sur ses antécédents et son caractère, sur ses sentiments et ses habitudes, s'explique par des motifs que nous croyons à l'avantage du prince, et qu'il nous paraît utile de rappeler.

Jusqu'à la catastrophe qui, selon le mot de M. de Lamartine, priva la France d'un règne illustre et la dynastie de juillet d'une de ses plus riches espérances, M. le duc de Nemours s'appliqua à rester dans une position réservée, laissant ainsi les avantages de la popularité à celui sur qui devaient peser les sollicitudes du gouvernement. Le jeune prince n'était point étranger pour cela aux affaires du pays, à ses intérêts, à sa gloire : il s'identifiait aux uns par d'actives études et servait l'autre en payant de sa personne sur le champ de bataille (1); mais il mettait un soin assidu à éviter les marques de sympathie publique, jugeant que si elles lui étaient aussi chères elles ne lui étaient pas aussi utiles qu'à l'héritier présomptif du trône. Ainsi, tandis que le prince royal se trouvait sans cesse en contact avec les populations, avec l'armée, avec tous les hommes considérables de la politique, de l'administration, de la magistrature, du commerce, de l'industrie, gagnant l'affection de tous par l'élévation de ses sentiments, la supériorité de son esprit, la cordialité de ses manières, M. le duc de Nemours s'abstenait de ces rapports de nation à princes, dans lesquels s'établit une réciproque estime et se dissipent de mutuelles préventions.

---

(1) M. le duc de Nemours a fait, en 1832, âgé alors de 18 ans, la campagne de Belgique. En 1836 et 1837, il prit part aux deux expéditions de Constantine; il fit plusieurs attaques à la tête des troupes, et c'est à l'une d'elles que le général Damrémont fut tué à côté de lui. En 1841, il eut, en qualité de général de division, divers engagements avec le corps principal d'Abd-el-Kader, qu'il chargea à la baïonnette, à la tête de deux bataillons, et qu'il mit en pleine déroute.

C'est donc une chose fort simple et, nous le répétons, honorable pour M. le duc de Nemours, qu'il soit resté à peu près ignoré du pays, ou du moins que le pays n'ait connu de lui que sa bravoure de soldat et son patriotisme de prince éclairé, lorsque M. le duc d'Orléans était entouré d'une popularité enthousiaste, changée désormais en des regrets universels.

La providence, dans ses volontés inexorables, a fait à M. le duc de Nemours des destinées inattendues, elle lui a donné de grands droits à exercer, d'austères devoirs à remplir. Il est et se montrera à la hauteur des uns et des autres (1). Nous ne disons point ceci légèrement, ni par une flatterie qui ne sied pas plus à notre franchise qu'à nos idées toutes plébéiennes ; nous le disons parce que c'est la vérité, une vérité basée sur l'appréciation personnelle qu'il nous a été donné de faire du prince qui sera demain l'hôte de Châteauroux ; nous le disons avec la certitude que notre opinion sera, dans quarante-huit heures, celle de tous nos concitoyens.

M. le duc de Nemours vient dans le Berry pour en connaître les habitants, pour en apprendre les besoins, pour en satisfaire les droits légitimes ; c'est là plus qu'un acte de bienveillance, c'est un acte de réparation. Le Berry, cette terre de probité, de travail, de patriotisme, se relève de l'oubli dédaigneux que sa patience a toléré depuis trois quarts de siècle ; on tient compte enfin de ce qui lui est dû, après ne s'être occupé que de ce qu'il devait. Quelque tardive qu'elle soit, soyons reconnaissants pour qui nous rend cette justice. M. le duc de Nemours veut s'y associer, il veut employer sa haute influence à nous être utile : c'est honorable pour lui et heureux pour nous. Allons donc à lui comme il vient à nous, simplement et cordialement. Deux jours sont bientôt passés, ils suffiront cependant, nous l'espérons, à fonder, entre le futur régent de France et notre population, une affectueuse confiance qui, des deux parts, ne sera jamais vainement invoquée.

---

(1) M. le duc de Nemours, qui a remplacé M. le duc d'Orléans dans le haut patronage de l'armée, assiste à la plupart des conseils de ministres ; on le voit, comme pair de France, à toutes les séances importantes du Luxembourg.

M. le duc de Nemours va se trouver ici entouré de tous les hommes à qui le travail, les talents, le patriotisme ont fait une position considérée ; c'est le cortége qui plaît le mieux à son cœur et à son esprit. Avec ces hommes, il s'entretiendra des questions qui touchent au progrès moral et matériel de notre pays, il recueillera leurs avis pour en profiter s'ils sont justes, il entendra leurs plaintes pour y satisfaire si elles sont fondées. Comme il ne s'agit, en cette circonstance, que de notre prospérité locale, et que, sur ce point, nulle dissidence n'est possible, S. A. R. ne trouvera autour d'elle rien qui rappelle les partis et leurs luttes ; elle ne verra, et il n'y aura en effet que des citoyens animés d'un même amour pour leur pays, et d'une même reconnaissance pour le prince qui prend en main la défense de ses droits et de ses intérêts.

Quoi qu'on en ait dit, M. le duc de Nemours n'est ni plus *fier*, ni moins familier que ne l'était M. le duc d'Orléans, que ne le sont tous les princes de la famille royale. Nous l'avons vu au camp avec des soldats, sur le parvis d'un hospice au milieu des malades et des pauvres, dans des mansardes parmi des ouvriers : il y était tout aussi affable que dans les riches salons où les diverses aristocraties de la seconde ville du royaume se pressaient autour de lui et de sa jeune et charmante épouse. Tel il était à Lyon, tel il sera à Châteauroux, écoutant chacun avec un égal intérêt et répondant à tous avec une même bienveillance.

Ceux qui comparent le voyage de M. le duc et de Mme la duchesse de Nemours à d'autres voyages historiques, et ceux qui n'y voient qu'un passe-temps frivole nous paraissent se tromper également. Ce n'est point une chose indifférente que les princes et les peuples se connaissent et s'estiment ; ce n'est point non plus une chose inutile qu'un homme possédant une grande influence et appelé peut-être un jour à exercer l'autorité souveraine, recherche les besoins d'un pays avec le désir et le pouvoir de réparer envers lui des injustices passées. C'est sous ce double aspect qu'il faut considérer le voyage et le séjour de M. le duc et de Mme la duchesse de Nemours dans notre contrée ; c'est de ce double intérêt, en même temps que des sympathies dont notre population est animée pour la dynastie de 1850, que s'inspirera l'affectueux accueil qui attend LL. AA. RR. à Châteauroux et dans le département de l'Indre.

J.-A. AMOUROUX.

www.ingramcontent.com/pod-product-compliance
Lightning Source LLC
LaVergne TN
LVHW021747080426
835510LV00010B/1351